学者 中村元

求道のことばと思想

植木雅俊

角川選書
543

仏教学者　中村元――求道のことばと思想

目次

中村元先生と洛子夫人に捧ぐ

はじめに

中村元《はじめ》の肩書は、しばしば「仏教学者」とされている。確かに、ずば抜けた仏教学者であることに間違いないが、それには収まりきらないところがあまりにも多い。「インド哲学者」だとしても同じことだ。中村は、卓越した仏教学とインド哲学の研究に基づいて、東西の思想・哲学を俯瞰《ふかん》し、最終的には普遍的思想史の構築の必要性を訴え、死ぬ間際まで自らそれに取り組んだ思想家であり、哲学者であったといえよう。

博士論文では、サンスクリット語で書かれたアビダルマや、大乗仏典、ジャイナ教や、バラモン教の文献、さらにはギリシア語の文献や、漢訳、およびチベット語訳の仏典に引用された断片から、ヴェーダーンタ哲学史の千年にわたる空白部分を復元した。インド人の学者たちをも驚かせるほどの離れ業を成し遂げた。サンスクリット語、パーリ語、チベット語、英語、ドイツ語、ギリシア語、フランス語に精通した語学の天才にしてはじめて可能なことであった。その論文は、六千枚以上というあまりにも膨大な量で、弟に手伝ってもらってリヤカーで東京帝国大学に運び込んだ。指導教授の宇井《うい》伯壽《はくじゅ》（一八八二〜一九六三）は、思わず「読むのが大変だ」と漏らしたという。

その論文によって、文学博士といえば、七十歳、八十歳になって受けるものと言われていた当時、三十歳の若さで文学博士の学位を取得した。

　仏教学の分野では、難解と言われた仏教を、いかに平易で分かりやすいものにするかに努めた。また、神格化され、人間離れしたものとされたゴータマ・ブッダから、歴史上の人物としての「人間ブッダ」の実像に迫り、最初期の仏教の実態を浮き彫りにした。それによって、仏教は本来、迷信や権威主義とは無縁で、道理にかなったものであったことを明らかにした。インドの釈尊の時代から「二千五百年」「五千キロ」という時空を隔てた今日の日本にあって、〝壮大な伝言ゲーム〟を経て生じた誤解や曲解を正すことに専念したとも言えよう。

　中村は、インドの現地を何度も訪れ、インド人の生活、風土、自然などを踏まえ、サンスクリット語や、パーリ語などインドの原典に立ち返って考察した。インドに行こうとも思わなかった西洋のインド学者たちとは全く異なる態度であった。

「中村元選集」（旧版）全二十三巻の完結で文化勲章を受章したかと思えば、それから十一年後には決定版「中村元選集」全四十巻の出版に取りかかるというように、とどまることのないあくなき探究の連続であった。十九年がかりで仕上げた二百字詰め原稿用紙四万枚が行方不明になっても、不死鳥のごとく作業をやり直して八年がかりで『佛教語大辞典』を完成させ、毎日出版文化賞を受賞した。さらに、その『大辞典』の改訂のためのカード十万枚を残して亡くなり、それをもとに『広説佛教語大辞典』が没後二年にして出版されたことなど、驚嘆すべきことは枚挙にいとまがない。執筆した著書・論文の数は、分かっているだけでも邦文で千百八十六点、欧文では論文が二百八十四点、著書が十数冊で、計千四百八十点余というおびただしい数である。

　西洋中心・アジア蔑視《べっし》の偏見と闘い、東西の思想を比較・吟味して普遍的思想史の構築に専念した。それは、異文化間の相互理解と世界平和に欠かせぬことだと思っていたからだ。

これほどの業績と、研究分野が多岐にわたっていることで、妬《ねた》まれることや、「中村は、狂ったのではないか」と非難されることも多かったが、偏狭なアカデミズムやセクショナリズム（縄張り意識）と生涯、闘い続けた。

常に「分からないことが学問的なのではなく、だれにでも分かりやすいことが学問的なのです」と語り、平易な言葉で仏典を現代語訳し、「人間ブッダ」の実像を浮き彫りにしたことに対して、「厳《おごそ》かさがない」「経典としての荘重さがない」などと非難されたが、中村はこうした言われなき批判とも闘っていた。

「闘う」と言っても、それは仏教でいう「忍辱《にんにく》」の姿勢を貫くもので、中村は、だれに対しても和《わ》顔愛語《げんあいご》の人であった。

八十六年の生涯を終え、その告別式で洛子《らくこ》夫人は、「主人は、何よりも好きな勉強を生涯続けられて幸せだったと思います」と語った。その言葉通り、亡くなる前の昏睡《こんすい》状態が続く中、中村の口から、「ただ今から講義を始めます。体の具合が悪いので、このままで失礼します」という言葉が出てきた。昏睡状態のまま、淡々とした口調で四十五分にわたって講義し、「時間がまいりましたので、これで終わります。具合が悪いのでこのままで失礼しますが、何か質問はございますか？」と締めくくったという。

その講義の最初と最後の言葉は、筆者が長年拝聴してきた東方学院での中村の講義そのままであった。この昏睡状態での文字通りの〝最終講義〟の席にいたのは訪問看護の看護師一人であった。専門用語がたくさん出てきて理解できなかったというが、この渾身《こんしん》の〝講義〟に中村の学問人生のすべてが凝縮されているように思えてならない。

日本は、仏教国だと言われるが、六世紀の仏教伝来以来、漢訳仏典を音読みしてきたため、多くの人が経典に何が書かれているかも分からないままできた。そのため、仏教が呪術的《じゅじゅつてき》で迷信じみたものとして、さらには権威主義的に語られることがなかったとは言えない。人々は、本来の仏教の教えを知りたいと思っても、なかなかそれに触れる機会が得られなかった。

中村は、釈尊の生《なま》の言葉に近い原始仏典を平易な言葉で現代語訳し、本来の仏教が「真の自己に目覚めること」を目指していたことや、いかに生きるかを説いたものであったこと、釈尊自身が難解な言葉ではなく、平易な言葉で教えを説いていたことを、分かりやすい言葉で明らかにしてくれた。

東日本大震災という未曾有《みぞう》の大災害を目の当たりにして、豊かさの半面、生きることの根底的な意味が問われている今日、真実の仏教を知りたいと思う人たちにとって、中村の業績は時とともにますます輝きを放つであろう。

本書では、中村元の生涯と業績を辿《たど》りながら、その思想の「輪郭」と「核心」を明らかにしていきたいと思う。

第一章　生い立ちと学問への目覚め

大正元年の松江生まれ

中村元が誕生したのは、一九一二（大正元）年十一月二十八日のことであった。中村の名前は、大正「元年」に生まれた長男であることから、父親が元（はじめ）と命名したそうだ。中村家は、島根県の松江に四百年住み続けた武家だった。中村は、生まれ故郷の松江市を生涯、大切にしていた。父親は、香川県出身の中村喜代治《きよじ》で、松江の県立農林学校（現、県立松江農林高校）の助教諭をしていた。母親の中村トモも、松江市立高等女学校（現、県立松江北高校）を首席で卒業し、東京女子高等師範学校（現、お茶の水女子大学）への入学許可を得たが、父親の反対で断念、母校の要請を受けて助教諭を務めていた。中村の両親は、教育者であった。

父・喜代治は、松江の中村家に養子入りし、その後、俳人・歌人でもあり、第一高等学校（一高）で数学教授をしていた義兄の数藤斧三郎《すどうおのさぶろう》（一八七一〜一九一五）の薦めで東京物理学校（現、東京理科大学）で数学を学び、保険数理の研究を仕事としていた。母・トモも数学に秀でていたというから、中村家は数学に強かったといえよう。

松江といえば、ラフカディオ・ハーン（小泉八雲《こいずみやくも》、一八五〇〜一九〇四）ゆかりの街である。

東京高等師範学校附属中学時代の中村元氏（後列左端）と家族（1927年頃）

母・トモは、子どものころハーンが人力車に乗っているところをよく見かけていたという。伯《お》父《じ》もハーンに英語を習ったそうで、中村は、ラフカディオ・ハーンに対して郷里の松江とともに親しみを感じていた。

その郷里も父の仕事の関係で東京の本郷西片《にしかた》町（文京区）に移転することになった。生まれた翌年の一九一三年のことである。時々、松江に帰ることもあって、独りで遊ぶこともあったようで、近くの清流のそばで泥団子を七十個以上作ったことを叔母《おば》から聞いた話として語っていた。一つのことを徹底してやり遂げるのは、子どものころからだったのだろう。東京市立誠《せい》之《し》小学校の五年生の時に関東大震災に遭い、一時、大阪の小学校に通ったが、翌年、誠之小学校に復学した。

そのころから歴史好きで、その分野の本を愛読した。ただ、音楽と運動が苦手で、「今の教育制度では、私は落第生になってます」と冗談を言った。

哲学・宗教書を読みふける〝危険な変人〟

一九二五年には、東京高等師範学校附属中学（現、筑波《つくば》大学附属中学・高校）に入学するが、入学後すぐに、腎臓《じんぞう》を患った。一日も登校しないまま、自宅療養でまるまる一年間休学することになった。絶望的な毎日が続いた。

その絶望からか、中村少年は、哲学書、宗教書を読み漁《あさ》ったという。中学時代の四年間、中村は、哲学と宗教関係の書を読みふけっていたので、「〝危険な変人〟と見られていたようだ」と語った。

そのころ読んだ本は、西欧のものではインド哲学の影響を無視できないショーペンハウアーや、東洋思想を取り入れたエマソン、日本のものでは親鸞《しんらん》、道元の著作、さらには和辻哲郎《わつじてつろう》著『沙門道《しゃもんどう》元《げん》』、村上浪六《むらかみなみろく》著『日蓮《にちれん》』、倉田百三《くらたひゃくぞう》著『出家とその弟子』、中里介山《なかざとかいざん》著『大菩薩峠《だいぼさつとうげ》』などを挙げていた。

その中でも、日本画家、土田麦僊《つちだばくせん》の弟で、田中王堂《たなかおうどう》や西田幾多郎《にしだきたろう》の影響を受けた在野の哲学研究者、土田杏村《きょうそん》（一八九一～一九三四）の名前とともに、その著作『象徴の哲学』という書名を聞いたこともあった。それは、土田の京都帝国大学での卒業論文である。

中村は、日本の哲学者で外国語で著書を書いた人がほとんどいないと語り、英文で書いた思想家として、岡倉天心《おかくらてんしん》、新渡戸稲造《にとべいなぞう》、鈴木大拙《すずきだいせつ》と並べて、土田の名前を挙げたこともあった。

一九三五年から翌年にかけて出版された「土田杏村全集」全十五巻のタイトルを挙げただけでも、『人生と哲学』『社会哲学及び文化哲学』『現代思想批判』『思想研究』『宗教と道徳』『教育と社会』

『新経済理論の研究』『文明批評と社会問題』『生活と恋愛』『芸術史研究』『国文学研究』『日本精神史』『文学論及び歌論』……といった具合で幅広いテーマに及んでいる。全く枠にはまっていない。二〇一三年に中公新書として土田の評伝が出版された。そのタイトルが『忘れられた哲学者』となっている。ここに日本の哲学界の土田に対する態度が読み取れよう。

その土田について中村は、「哲学の本流ではなかったかもしれないが、勇気をもって文章に書き残すという行為を貫いた」ということを高く評価し、機会あるごとに中村は「私は打たれる」と語った。それは、「私は心が打たれる」という意味であろう。

その言葉は、筆者が『男性原理と女性原理――仏教は性差別の宗教か？』（中外日報社、一九九六年）を出版する時に、中村が寄せた序文にもあった。筆者が在野で勉強し、本にまとめて出版することについて、「私は打たれる」という同じ表現を使って、「仏教の学問と研究は、象牙《ぞうげ》の塔に閉じ込めておくべきではない」と記してあった。

ここに、偏狭なアカデミズムを最も嫌っていた中村の学問に対する態度を垣間見《かいまみ》ることができよう。中村は、「だれが書いたか」ではなく、「何を書いたか」を見るべきだとして、

思想そのものは、権威者によって語られた〔も〕のであっても、市井の凡人によって語られたものであっても、真理性そのものに変わりはない。

（『古代思想』、二四頁）

と記している。それを、次の具体例で強調した。

ストアの思想は、帝王であったマルクス・アウレリウスの言であろうと、奴隷であったエピクテートスの言であろうと、価値あるものが取り出されて論議されているではないか。

（同、一二五頁）

一高時代の友人たち

一九三〇年には、第一高等学校文科乙類（一高文乙）に入学した。中村はリーダー的存在で、多くの友人たちから慕われ、生涯にわたる深い友情を結んだ。その友人たちが後に『佛教語大辞典』作成や、東方研究会・東方学院の開設に大きな力を貸してくれることになった。

そのなかでも、特に中村が〝実力主義の人〟として、東方学院の講義でしばしば名前を挙げていたのが中村敏夫（一九一三〜一九九九）であった。中村は、誇らしげに中村敏夫が苦学して弁護士になったということを話してくれた。それ以上のことは何も語らず、何をもって〝実力主義の人〟と言っていたのかは、理解できなかった。

ところが、中村没後、長女の三木《みき》純子《すみこ》から、その具体的内容を聞いた。それによると、中村敏夫が病気と経済的な理由で一高での学業を断念せざるを得なくなった時に、中村が篤志家《とくしか》からのカンパに立ち上がって、中村敏夫を支援したということだった。経済的に苦しい中、勉学に励み、弁護士の資格を取ったという意味を込めて、中村は〝実力主義の人〟と評していたことを初めて知った。中村は、自分がカンパに立ち上がったことなどひとことも話すことはなかった。二人の間には、このように深い友情の絆《きずな》が結ばれていたのである。

中村が、しばしば語っていた原始仏典の中の『シンガーラへの教え』に「真の友」について語られた箇所がある。

①助けてくれる友、②苦しい時にも、楽しい時にも、友である友、③その人のためを思って話してくれる友、④同情してくれる友。（『ディーガ・ニカーヤ』）

飲み友達というものがある。「君よ、君よ」と呼びかけて、親友であると自称する。けれども、事が生じた時に味方になってくれる人こそ、〈真の〉友なのである。（同）

二人は、この「真の友」であった。

それは、中村敏夫にかぎったことではなかった。中村は、あらゆる級友たちから慕われた。中村のまとめたノートは、クラスの〝共有財産〟となった。これまでにもヤマを的中させていたこともあり、卒業前の試験でも頼りにされた。ヤマを三カ所見当つけると、さらに優先順位をつけろと言われた。試験本番では見事、その最優先のヤマが的中した。

旧制高校の学生は、自由を謳歌《おうか》し、学校の勉強とは別に自らの興味に従って読書三昧《ざんまい》に明け暮れていた。彼らとの間には生涯にわたる友情の絆が結ばれていた。東方学院の講義で、その友人が亡くなるたびに、中村が涙を浮かべてその友人の思い出を語る場面を筆者は何度か目にした。

一高時代に影響を受けた先生方

それとともに、この一高時代は、中村の学問の骨格、姿勢が形成された時期といえる。東西の哲学思想を学びながら、仏教の思想に心が魅《ひ》かれるようになったのもこの時期のことであった。「西洋の哲学思想は、鋭い論理が展開されているけれども、何か冷たいものが感じられ、心の安らぎを与えてくれない」という思いを強くした。それとともに、心の奥深くで温かさを与えてくれる仏教の哲学思想に魅かれた。その中でも、他の聖人・賢者も説かない仏教独自の「慈悲の思想」に深く感銘した。仏教にまとわりついている習俗や儀礼には、さほど関心はなかった。

中村は、自らの学問の基本姿勢が培われた時期として一高時代のことをよく話した。十七歳から二十歳までの多感な時期である。中村が、しばしば口にしていた名前が、心理学と論理学担当の須《す》藤新吉《どうしんきち》（一八八一～一九六二）、ドイツ語担当のブルーノ・ペツォルト（一八七三～一九四九）、西洋史学担当の亀井《かめい》高孝《たかよし》（一八八六～一九七七）であった。

須藤は、『ヴントの心理学』『論理学綱要』を著している。一高の寮で同じ部屋の先輩からしごかれた時、「須藤新吉先生という方はなぁ、おめえ、たいへん立派な先生なんじゃぞ！　われわれと会っても、先生のほうから挨拶《あいさつ》してくださる、丁寧な先生なんじゃ。先生の名前は、ご本や辞典や参考書にまで出ているほど大学者なんじゃ」と言われた。中村は、「仏教で言う和顔愛語《わげんあいご》は、まさに須藤先生のことだ」と思った。東大助教授に就任した時、須藤に挨拶に伺った時も、温かい言葉で包容するようにして、勉強に向かう心を起こさせてくれたという。

中村が、私たちによく語っていた須藤新吉の言葉は、「学問は万人に納得されるものでなければならない。そのためには分かりやすい論述で、論旨が明快でなければならない。学問の根本は論理である」ということだった。身近な言葉による中村の原始仏典の現代語訳もここに端を発しているといえよう。須藤の書いた文章は、文体が明快で分かりやすく、少しもごまかしがなかった。訳の分からないことを言うのが哲学だと思わせる人があるが、中村は明晰《めいせき》で一点のごまかしもない須藤の学風が日本に必要だと思い、それを受け継ぐことを心がけてきた。

　中村は、須藤が若いころ、ヴントの『民族心理学』全十巻を通読した話を聞いて、民族による思《し》惟《い》方法の相違という問題にとりこになったという。後の『東洋人の思惟方法』の萌芽《ほうが》をここに見ることができよう。

　論理学の講義で、須藤は仏教の論理学、すなわち因明《いんみょう》(hetu-vidyā)に言及したことがあった。一九四九年に『論理学綱要』の改稿が出る時、付録の因明の箇所を中村が執筆したこともあった。その経験が、仏教の論理学を西洋の論理学とどう連絡をつけるかという問題意識に発展し、東西の論理的思考の構造を究明し、人類全体に通ずる普遍的な新しい論理学の体系化を構想する試みとして「現代思想」(一九八五年一月号～八九年五月号、九〇年十一月号～九六年十二月号)に連載した。それが、『論理の構造』上・下巻(青土社)として、中村の亡くなった翌年の二〇〇〇年に出版された。

　ドイツ人のペツォルトは、一九〇九年にジャーナリストとして妻のハンカ・シェルデルップとともに来日した。ハンカは、パリでフランツ・リストに師事した世界的に有名な歌手でありピアニストで、東京音楽学校(現、東京藝術大学)の教師となった。ペツォルトは一九一七年から一九四三年まで一高のドイツ語教員となった。そのほか、成蹊《せいけい》高校、陸軍砲工学校、中央大学、立正大学でも教えた。立正大学ではドイツ語で仏教についての講義を行なっている。

　仏教に関心をいだいたのは、一九一二年ごろだが、一高教師になったころから東大の歴史学者、星野日子四郎《ほしのひこしろう》に仏教についての個人教授を依頼した。ペツォルトは日本語を解することはできず、英語での講義となった。越後《えちご》訛《なま》りの星野は、英語も変な発音だったようで、宗教学者の加藤玄智《かとうげんち》（一八七三〜一九六五）は、その時のもようを「造詣《ぞうけい》が深く、知識が豊富だから、その如何《いかが》と思はれる様な君の英語で、ペツオルト氏と常に応酬されてその間意志の疎通を見てをつたなどは、真に奇中の奇」と記している。

すぐに仏教の専門家を必要とすることになり、哲学科の仏教学者、島地大等《しまじだいとう》（一八七五〜一九二七）も参加するようになった。さらに島地の弟子の花山信勝《はなやましんしょう》（一八九八〜一九九五）も加わった。こうして個人教授は、週二回、一九一七年から一九四四年まで続いた。時には英語の辞書を開きながら、お互いに手探り状態で言葉を選びながらの講義であったようだ。ペツォルトは、講義の内容を細大漏らさずノートにとり、矢継ぎ早に質問した。個人授業は、約束の時間を大幅に超え、夜の十一時まで及ぶことがしばしばで、島地も花山も音《ね》を上げるほどだった。

ペツォルトは、「ゲーテと大乗仏教」「天台教学の精髄」など仏教や比較哲学の論文を多数執筆した。その功績等が認められ、一九二八年、五十五歳で上野の天台宗寛永寺で得度し、大僧都《だいそうず》になった。それは中村が十五歳の中学生の時のことであった。

中村が、一高でペツォルトと出会ったのは、一九三〇年のことだから、ペツォルトが仏教の個人授業を受け始めて十三年経《た》ったころである。ペツォルトの授業は、小学校の教科書をドイツ語に翻訳するという内容だった。その授業の中で、ペツォルトはよく仏教についてドイツ語で語った。

日本では漢訳の仏教用語がそのまま用いられていて、意味がすぐには読み取りにくい。ところが、ペツォルトがドイツ語で語る仏教用語は、言葉の解釈が施され、意味を理解した上で翻訳されていて分かりやすくなっていた。それによって、中村は、分かりやすい言葉で仏教を語ることの必要性を痛感したといえよう。そして、仏教用語を分かりやすい言葉で説明した『佛教語大辞典』の編纂《へんさん》へとも発展していった。また、仏教を思想としてとらえることも、ペツォルトとのやりとりの中で培われたものといえよう。

日本は仏教国といわれるが、公教育の場で仏教について触れることはなく、大学に入学する前に仏教の教義を聞いたのは皮肉なことにドイツ人のペツォルトからであった。書物を通して仏教を学んだことはあったが、人を介して仏教と出会ったのは、外国人のブルーノ・ペツォルトを通してであった。

亀井高孝との出会いは、一高に入学してすぐに歴史の同好会「史談会」の遠足に参加した時のことだった。中村は、パンでも買えばいいと弁当を持参していなかった。ところが、パン屋がない。中村が何も食べていないのに気付いた亀井は、自分のパンを半分与えた。それが、亀井との近づきとなった。

亀井は西洋史が専門で、東西文化交流に力を入れていた。十八世紀末、ロシアに漂着した大黒屋《だいこくや》光太夫《こうだゆう》に関する資料調査で八十歳過ぎてモスクワを訪ね、『大黒屋光太夫』（吉川弘文館）を著わした。そのほか西洋史の著書が多数ある。

亀井高孝について、中村は、学問のセクショナリズムは打破すべきであるということに絡めて話していた。

また、亀井は「学問の独創性」を重視していた。その亀井の影響を受けて、中村は、わが国の学問の特徴が、過去の思想文献の紹介、羅列、内容を忠実に伝えるだけに終わりがちなことを指摘していた。「仰いでいる哲学者の精神的奴隷」という厳しい言葉も用いていた。「自己の独創による哲学」「自分の言葉で語る哲学」「人生観・世界観にかかわる哲学」――の必要性を繰り返し強調していた。

日本では哲学と言うと「難解」「煩瑣《はんさ》な議論」「人生とはかけ離れているもの」と相場が決まっている。明治以来、西洋の学問を受け入れるのに、専門を細分化して輸入したことにも一因があろう。それに伴って、学問に「縄張り意識」「セクト主義」が生じたことも無視できない。それに対して、中村は日本の学問の在り方への批判的反省を強めていった。

その独創性の発揮を阻む壁は、学問の細分化、縄張り意識といったセクショナリズム、権威主義であることも指摘していた。それは、「だれが書いたか」が問われて、「何を書いているか」を見ようともしないという形で表われている。同じことを在野の人が語っても、だれも注目しようとしないが、有名な人が語れば珍重されるという学問的風土が無視できない。これこそが、権威主義であり、独創的な学問の出現を阻んでいるということを中村は、厳しく指弾していた。こうした見解は、後の比較思想学会の設立とも深く関係している。

宇井伯壽との出会い

一九三一年に満州事変、一九三七年に日中戦争、一九四一年に第二次世界大戦へと突き進み、次第に暗い時代へと突入する。大学を出ても職はない。食べていけない。「大学は出たけれど」という言葉が流行した。法学部や経済学部であれば、運よく職が見つかることもあったが、文学部は「車引きでもやる覚悟がなければ、行くものではない」と言われた。

ある時、中村は「印度哲学を勉強してみたい」と亀井に話したことがあった。多くの教師や先輩は「そんな変なものはやるな」と言ったが、亀井だけは違った。「それは大いに結構だ。やってみなさい」と言ってくれた。そして、亀井と同期の友人であった東京帝大教授の宇井伯壽《ういはくじゅ》を紹介してくれた。そして、亀井の名刺をもって池袋にあった宇井の自宅を訪ねた。

その時、宇井が語ったのは、「学問をやる者の準備、心得」であったという。「高等学校にいるうちは、語学をしっかりやっておきなさい。英語とドイツ語はどうしてもマスターしておかなければいけない。フランス語もできたほうがいい。サンスクリット語などは大学へ入ってからでいい」という話だった。

第二章　東京帝大入学から博士論文の完成まで

卒論は『中論』の研究で

　こうして、一高文乙といえば、だれもが認める立身出世のエリートコースで、一高から東京帝大法学部を経て高級官僚を目指す人が多い中で、中村は、宇井との縁がきっかけとなって一九三三年に東京帝大に進学すると同時に印度哲学梵《ぼん》文学科を選んだ。

　当時は、家がお寺だからというので何の疑問も持たずに進学してくる学生ばかりだった。それではいけないと、中村は、あえて印度哲学梵文学科を選んだという。当時は印度哲学など志望する学生はほとんどいなかったので、無試験で入れた。それでも、中村が入学した年は十七人という例年にない多くの入学者があった。それは、既存の仏教の在り方に疑問を抱いた友松圓諦《ともまつえんたい》（一八九五〜一九七三）による仏教復興運動（真理運動）や、ＮＨＫラジオでの『法句経《ほっくきょう》』講義が反響を呼んでいたころである。その影響もあったのであろう。当時、話題になった友松の『仏陀《ぶつだ》のおしえ』『阿《あ》含経《ごんきょう》入門』などは、現在、講談社学術文庫として出版されている。東方学院の講義で、中村は友松の名前を口にしたことがあった。

　東京帝大では指導教授の宇井伯壽の下で学んだ。宇井について、中村は、わが国のインド哲学の研究を欧米諸国以上の水準に高めた人と評していた。岩波書店創業者の岩波茂雄（一八八一～一九四六）からも「あなたは、お師匠さんがいいからね」と言われたことがあるそうだ。

中村は、「語学をしっかりやりなさい」という宇井の指導どおり、宇井によるサンスクリット語、パーリ語、チベット語の講義をすべて受講した。宇井の講義は、一字一句もゆるがせにしないという学風だった。演習では、指名して学生にやらせた。調べてきていない学生を叱《しか》った。「予習もしないで出てくるよりも、下宿で本を読んでいるほうがいい」――それが決まり文句であった。

大学一年の夏休みにはサンスクリット語の作文の教科書で自習した。それは、インドのR・G・バンダールカル（一八三七～一九二五）がつくった『サンスクリット・ブック』で、解答がついているので、自分の答えの正否が確認できるという利点があった。やはり、言葉は、ただ読んでいるだけでは身につかない。作文と会話によって身につく。それが中村の語学習得法であった。それは、一高時代にギリシア語を学習した時も同じであった。

後に鶴見《つるみ》大学学長となる渡辺楳雄《わたなべばいゆう》（一八九三～一九七八）から、「仏教を学ぶには、空観《くうがん》を理解しなければならない。君は般若《はんにゃ》をやれ」とアドバイスされた。宇井に相談すると、「般若は時間がかかる。『中論《ちゅうろん》』なら短いからまとめやすい」ということで、『中論』の研究を卒論のテーマとした。

『中論』は、あらゆるものごとに実体はないとする「空」の思想を哲学的に基礎づけたナーガールジュナ（龍樹《りゅうじゅ》、一五〇～二五〇ごろ）の著作である。その研究成果は、「人類の知的遺産」シリーズの中に『ナーガールジュナ』（一九八〇年）の題で収められていたが、二〇〇二年に『龍樹』とタイトルを改めて、講談社学術文庫として出版されている。

和辻哲郎のこと

中村の学問の姿勢に影響を与えた人として、和辻哲郎（一八八九〜一九六〇）も挙げなければならない。和辻は、一九三四年に中村が東京帝大の二年生の時、京都帝国大学から文学部に転任してきた。その和辻と初めて会った時に「仏教を自分の納得いくように説明してみませんか？」と言われたことが、深く心に刻まれたようだ。

これは、納得してもいないことを、難解な言葉を用いて書き綴《つづ》ったものが多いことに対する批判の意味も込められていたのであろう。そのような本を読むと理解困難である。そんな時、多くの人は、「きっと自分の頭が悪くて理解できないのだろう」という結論に落ち着かせることが多い。しかし、和辻の言葉はそれを否定するものであり、読む人の問題ではなく、書いた人の問題だと言うのだ。和辻のこの言葉も、中村の学問人生の重大な指針となった。

三木清（一八九七〜一九四五）も、『読書と人生』（角川文庫）で同様の言葉を記している。二十代初めのころ、筆者が、本を読んでも納得のいかないことが多かった時に、次の箇所に出会って妙に感動したことを思い出す。

「むつかしい」ということと「わからない」ということとは同じでない。たとえば、高等数学はむつかしい。しかしわからないものではない。順序を踏んで研究すればわかるはずのものである。〔中略〕わからないものが書かれているために、哲学はむつかしいという評判をつくっていることがないでもないようである。哲学が「むつかしい」ということは致し方がないとしても、「わからない」ものが書かれるというのは困ったことだ。わからないのは、実はそれを

書いた当人にもよくわかっていないからだといわれるであろう。（八五頁）

指導教授も悲鳴を上げた大部の博士論文

一九三六年に東京帝大を卒業し、大学院に進学した。中村は、「わたくしの学問の本当の意味での出発は、昭和十一年（一九三六）にまで遡《さかのぼ》る」と語っていた。卒業後、指導教授の宇井の自宅に呼ばれた。宇井から今後の研究についてのアドバイスを受けた。中村が、仏教の研究を志していることに対して、「仏教研究者が最初から仏教の研究に入ると、旧来の宗派的教義学の考え方からなかなか抜け出しにくくなる。若い時は、仏教を客観的に見るためにも、仏教の源流であるインドの思想を学んで視野を広げておいたほうがいい」といった趣旨の話だったと聞いている。

そして、その研究の第一歩として、ヴェーダーンタ哲学の研究を薦められた。ヴェーダーンタ（vedānta）は、「ヴェーダ（veda）聖典の究極（anta）」という意味であり、ウパニシャッド（奥義書）の哲学のことである。その哲学の中心にあるのが「梵我一如《ぼんがいちにょ》」「不二一元論《ふにいちげんろん》」であり、宇宙の本質（ブラフマン＝梵《ぼん》）と究極の自己（アートマン＝我《が》）が同一であって、それを覚知することにより永遠の至福に到達するという思想である。これがヴェーダの究極の覚《さと》りとされる。これは、現代に至るまでインド人の暮らしのすみずみにまで深く根付いているもので、インド人を理解するには不可欠の思想である。

大学院に進学した翌年の一九三七年に父・喜代治が亡くなった。大学院在学中に、四人兄弟の長男として母と弟たちを養わなければならない立場に立たされた。その上、兵役の召集までかかった。運動が苦手で、背も低かったので最下級の馬をひく役（輜重輸卒《しちょうゆそつ》）であったそうだ。〝幸い〟なことに軍医に病気を見つけられ、兵役を免れた。とはいえ、これではとうてい家族を養うことなどできるものではない。

母トモは、東京女子高等師範学校への進学を断念した悔しさからか、中村以下、四人の子ども全員を大学に進学させた。中村は、父亡き後、長男として四人分の学費や生活費などの工面をしなければならず、やむなく、松江市の先祖伝来の千坪の土地や家屋敷の一切を売却した。宇井からは、「軽々しく売り払うべきではない」とお叱りを受けたそうだが、背に腹はかえられなかったのであろう。

博士論文の執筆に取り組み始めたのは、父親が亡くなったその一九三七年のことだった。宇井らから、中村の研究を博士論文として提出するように言われた。中村が二十代のことだ。そのようなことは、前例のないことであり、中村にとって大きな激励となった。中村は、その時のことを振り返り、「前例のない扱いをしてくださったのだから、前例のない論文を書かなければならないと、私は一所懸命に勉強しました」と語った。テーマは、宇井のアドバイスに従って「初期ヴェーダーンタ哲学史」とした。特にインド最大の哲学者といわれたシャンカラ（七〇〇～七五〇ごろ）が登場するまでの発展の歴史の研究に専念した。戦時中であり原稿用紙の入手は困難を極めた。食べ物を切り詰めて原稿用紙を購入しては書き続け、一九四二年三月に五年がかりで完成させた。その原稿の枚数は、単純計算しても四百字詰めの原稿用紙で六千枚ほどであったであろう。紙の質も、軽くて薄い今のものとは違う。それだけの量を東京帝大まで持ち込むのは一苦労であった。リヤカーで、弟に手伝ってもらって運び込んだ。大量の原稿を目にした指導教授の宇井伯壽も、つい「読むのが大変だ」と悲鳴を上げたという。

ヴェーダーンタ哲学の歴史の暗黒部分に照明

中村は、自らの博士論文について『学問の開拓』（以下、佼成出版社版から引用）で次のように語っている。

インド最大の哲学者といわれるシャンカラが現われるまでの発展史の研究に努めてみた。シャンカラの著作は多数残っているが、彼以前の思想がほとんど知られていない。それ以前の発展史は、ほとんど空白といってよかった。そこで、インドの多数の原典、チベット訳、漢訳の仏典の中から、古い時代の哲人の言談を引用している文句を集めて、古ウパニシャッドからシャンカラに至る約千年にわたる思想史をまとめたのが、「初期ヴェーダーンタ哲学史」という論文である。

（『学問の開拓』、一〇四頁）

中村によって翻訳、検討された「古い時代の哲人」の言葉の断片は、アビダルマ、大乗仏教、ジャイナ教、バラモン教の文献や、古典ギリシア語で書かれたヴェーダーンタ思想にまで及んだ。

愛知学院大学教授の日野紹運《ひのしょううん》（一九四八〜）は、「〔中村〕博士は断片を詳細に全体的にインドの多くの原典やチベット語訳、漢文訳の仏教文献から収集し、文献学的、哲学的視点から初期のヴェーダーンタ哲学を再構成されたのである」「この四部作はヴェーダーンタ哲学の歴史の暗黒部分に照明を与えるもの」（『東方』第二一号、五五頁）だと評している。

元デリー大学教授のS・R・バットも、「達意なサンスクリット語に加え、さまざまな言語を駆使、細心の注意をはらって、３０００年以上にわたるヴェーダーンタ思想全体を復元した」（山陰中央新報、二〇一三年三月二日付）と評価した。
中村は、この論文の終わりでヴェーダーンタ哲学の代表的哲学者とされてきたシャンカラについて次のように結論している。

かれは斬新な思想を説いた独創的な哲学者ではなくて、従前からの不二一元説の総合集成者であり、古学の復興擁護者である。〔中略〕かれは、独創的な思想家として偉大であったというよりもむしろ註釈学者として偉大であったのである。

そして、自らの研究の結果として、「シャンカラに対する従前の評価を改めなければならない」と結んでいる。これは、語学の天才にして可能であった研究であり、インド人にもできない空前絶後の業績だといえよう。

異例の若さで博士号取得し助教授に

この論文によって中村は、一九四三年五月、満三十歳という異例の若さで文学博士号を取得した。文学博士の学位は、七十歳、八十歳になってもらうのが普通であったころである。また、その年には東京帝国大学助教授に就任した。これも前例のない若さであり、学位取得と同時というのも前例のないことであった。
その翌年の一九四四年八月、野津《のづ》洛子《らくこ》と結婚した。

野津洛子は、一九一九年に島根県出身で大蔵省の役人であった野津高次郎《たかじろう》の二女として生まれた。父親は、厳格な人で、自宅に進物を届けに来る人があるたびに、父親から「こんなものをもらってはいかん」と言われ、車を追いかけたという。洛子夫人は、「おかげでマラソンが得意になりました」と笑いながら、筆者に語ったことがあった。

帝国女子医学専門学校（現、東邦大学）を卒業し、戦前、聖路加《るか》国際病院で日野原重明《ひのはらしげあき》（一九一一〜）とともに内科医として勤務したこともあった。

中村の東京帝大助教授就任の後にお見合いをしたという。洛子夫人は、結婚当時のことを次のように筆者に語ってくれた。

「見合いの後、父が、主人のことを『彼は大きな声で笑っていた。あんなに大きな声で笑う人に悪い人はいない』というので、結婚することになりました。二十四歳の時でした」

結婚式の会場は、上野の精養軒か神田の学士会館ぐらいだった。

「空襲があれば防空壕《ぼうくうごう》の中でやるしかありませんでした。幸い学士会館で式を挙げました」

中村の母親トモは、礼節に厳格な人であったという。

「主人の母は厳しい人でした。朝起きるのが遅いと、叱られました。主人と歩く時は『三歩下がって、その左を歩くのですよ』といつも言われるのです。それも念を押して言われるものですから、『はい、そうしております』と答えておりました。けれども、本当は十歩先の右側を歩いてばかりおりました」

と、ちゃめっ気たっぷりの表情で、洛子夫人も大きな声で笑った。

博士論文の出版

博士論文は、岩波書店から出版されることが決まったものの、戦時中のことであり、容易には出版までにこぎつけなかった。出版の日までいかにその膨大な原稿を無事に保管しておくかが、重大問題であった。複数のブリキ製の米びつに分けて保管し、空襲警報のたびに防空壕へ運びこむ。結婚して終戦を迎えるまでのまる一年間、洛子夫人は、中村家に伝わる鎧《よろい》だけでなく、その原稿を運ぶことに明け暮れ、「新婚そうそう大変でした」と話してくれた。

洛子夫人にも原稿の大半を筆写してもらい、そのコピーを野津家の防空壕に保管してもらった。甲府のお寺にもコピーを預けるために汽車に乗って出かけたこともあった。ところが、東京の防空壕に保管していたものの一部が水につかってしまい、それを復元するのに随分と苦労もした。

こうした苦労の末、博士論文は、一九五〇年から六年がかりで岩波書店から出版された。それは次の四巻（四部作）であった。

『初期のヴェーダーンタ哲学』（インド哲学思想・第一巻）、五百三十六頁、一九五〇年
『ブラフマ・スートラの哲学』（インド哲学思想・第二巻）、五百五頁、一九五一年
『ヴェーダーンタ哲学の発展』（インド哲学思想・第三巻）、七百頁、一九五五年
『ことばの形而上学《けいじじょうがく》』（インド哲学思想・第四巻）、四百六十三頁、一九五六年

頁数を合計しただけでも、二千二百頁以上になる。この著書で、中村は一九五七年に日本学士院賞恩賜賞を受賞した。

この英語版は、インドのモーティラル・バナルシダスという出版社から、まず第一巻と第二巻を合わせて、*A History of Early Vedānta Philosophy*, Part One として一九八三年に出版された。残り二巻の英訳 *A History of Early Vedānta Philosophy*, Part Two の出版は中村の悲願であったが、婦人篤志家の財政支援もあって、東方研究会（現、中村元東方研究所）の学術誌『東方』の「中村元博士三回忌特輯号《とくしゅうごう》」として二〇〇一年に出版された。

中村の研究はとどまることを知らず、この四巻の続編として『シャンカラの思想』（八百五十頁）が一九八九年に追加されたことで、五部作となった。この五部作が、中村元生誕百周年を記念して、二〇一二年十一月に新装版「インド哲学思想」全五巻として岩波書店から復刊された。

第三章　『東洋人の思惟方法』で世界へ

研究の発端と方法

博士論文が出版されるのを待っている間に、一九四八年と一九四九年に『東洋人の思惟《しい》方法』上下二巻のほうが、先にみすず書房から出版された。上下合わせて千百頁余の大著である。

『東洋人の思惟方法』の研究を始めたのは、博士論文を完成させ、その翌年、学位取得に続いて助教授に就任し、そのまた翌年の洛子夫人と結婚した一九四四年のことだった。研究のきっかけは、東京帝大教授の伊藤吉之助《いとうきちのすけ》（一八八五〜一九六一）が戦時中でも大学で共同研究をするべきだというので、「諸民族の思惟方法の研究」というテーマを立て、中村にも加わるように声をかけたことだった。伊藤が中村に課したテーマは「特に言語形式および論理学にあらわれたインド人の思惟方法」と「仏教思想の受容形態を通じてみたシナ民族および日本民族の思惟方法」であった。

戦時中のことで、国民服にゲートルという姿で、東京帝大の哲学研究室や、一ツ橋の学士会館など、あちこちの会場に通った。ゲートルを巻いていたのは、空襲警報が鳴ってもすぐに飛び出せるようにしていたからであった。

敗戦となり、多くの研究者がそれまでの研究を中断させるなか、中村は継続して自分の担当したテーマを発展させていった。中村は、学問的一貫性をもたせるために次の方法をとった。

①各民族の思惟方法の基本的特徴が最もよく表われていると考えられる、「判断および推理の表現形式」について、インド人、中国人、チベット人、日本人、それぞれの思惟方法の特徴をとらえる。

②こうしてとらえられた各民族の思惟方法の特徴が、それぞれの諸文化現象にどのように表われているか、を検討する。

③そのために、特に中国、チベット、日本については、普遍的教説としての仏教が、どのような特殊な仕方で受容されたか（つまり、各民族の思惟方法の差異によって、それがどのように変容されたか）を問題とする。

④仏教を生んだインド人の思惟方法を論じる場合には、古代西洋人の思惟方法との比較論証を重視する。

⑤古代インド人と古代西洋人とは、民族的・言語学的にも同一系統に属するにもかかわらず、両者の間には明らかな思惟方法の差があるので、④を検討することは特に必要。

こうして、『東洋人の思惟方法』はなった。中村は、その「はしがき」に次のように記した。

敗戦およびそれにともなう厳しい現実に直面して、われわれは、われわれ自身に対して根本的な反省考察をなさねばならぬ時機に直面している。現にわれわれは、われわれ自身のうちに潜在していてしかも有力にはたらいている思惟方法の特徴について、考究の努力を払うことが、従来あまりにも乏しかったのではなかろうか。ひとびとは端的に、あるいは日本の近代化の急務を説き、あるいは東西文化の総合の必要を強調している。しかしそのようなことを実現せしめるためには、そのための根本的な基盤として、まず一般的に、民族とその思惟方法の問題について全面的な検討をなすべきではなかろうか。

ここに、異民族間、異文化間の相互理解と、世界の平和を願って『東洋人の思惟方法』を著わした中村の思いが表われている。

インド・中国・日本の思想の特徴

本書の要点を中村は『比較思想論』（二〇一頁以下）に簡単にまとめているが、その一端を引用する。まず初めにインド思想の特徴を見てみよう。

①インド思想全般に通ずる特色として、まず顕著なことは、個物および特殊者を無視して普遍者に注視することである。普遍の重視は抽象概念の偏重となってあらわれ、抽象概念に実体性を附与して考える傾向がある。

②普遍を重視する極限は否定的性格を示すに至る。否定的表現を愛好し、絶対者を否定的に把捉し、未知なるものに対する憧憬をいだく。

③インド人は一般に時間観念が稀薄であり、年時記載の観念に乏しく、歴史書をのこさなかっ

た。

④有限なる人倫的組織を超越する傾向があり、国家意識および民族意識が稀薄である。のみならず人間の立場をも超越し、単に生けるもの（衆生《しゅじょう》）としての自覚に立とうとする。したがって生物の愛護を強調する。

⑤インド人には客観的自然世界における秩序の観念が稀薄であり、自然規定を無視した空想性を愛好し、極端に馳せる傾向があり、巨大な数の表象をもてあそぶ。自然認識の学問はあまり発達しなかった。しかし数多くの神話と詩を産み出した。また内向的性格があるために、内面的反省的な科学、特に言語学と内省的心理学を発達せしめた。

次に中国の思想の特徴は次の通りである。

①シナ人はインド人とは反対に、普遍者を無視して個物ないし特殊者に注視する傾向がある。特に感覚にたより、具象的知覚を重視する。まず文字が象形文字であり、具象的であるし、概念に関しても具象的表現を愛好する。

②個別性を強調するが故に、個性記述的な学問（歴史・地誌など）が発達した。

③一般に過去の事実を重視し、尚古的保守性があり数千年にわたって同一の思惟方法が継続している。学問も伝承的であり、自由思想もあまり発展しなかった。

④人間中心的な態度があるために、宗教も現世中心的であり、形而上学を発達せしめなかった。

⑤シナ人は民族的な自尊心をもち由来を尊重するが、必ずしもつねに国家中心主義とはならな

かった。むしろ自然の本性に随順し、自然に帰一しようとし、天人相与の関係に注視する。

また、日本の思想については次の通りである。

①アジアの他の諸民族と比較してみて、日本思想の特に顕著な傾向は閉鎖的な人倫的組織を重視するということである。まず一般に人間関係を重視し、個人に対する人間関係の優越を認め、有限なる人倫的組織を絶対視しようとする。

②それは、過去の歴史に当ってみると、家の道徳の尊重、階位的身分関係の重視から始まって、国家至上主義となって極まる。

③また日本人の間では特定個人に対する絶対帰投の態度がいちじるしいから、国家至上主義も天皇崇拝の形をとって現れる。

④人間を超えたものを考えようとしないから、宗教の尊さに関する自覚に乏しい。

⑤日本人は現象界に即して絶対者を把捉しようとし、与えられた現実を容認し、現世主義的である。

⑥対決批判の精神が薄弱であり、安易な妥協に陥る傾向がある。

ここには、要約という性質上、理屈っぽい表現がなされているが、『東洋人の思惟方法』の本文中には具体的で分かりやすいエピソードも織り込まれていて、面白い。例えば、西洋人は、十九世紀末まで釈尊を歴史上の人物だとは見ていなかった。架空の人物だと思っていた。それは、インドに歴史書がなかったからだ。一八九八年にピプラーワーで釈尊の骨壺《こつつぼ》が発見されたことで初めて歴史上の人物だとされた。これに対して、中国人や日本人は、詳細な歴史書をたくさん残している。

また、「あることを一方では肯定し、他方では否定して論理的に辻褄《つじつま》が合わないこと」を西洋人は、contra（＝against、反して）と、dict（言う）からつくられたコントラディクション（contra-diction）、すなわち「相反して言うこと」と表現する。それに対して、中国人が「ほこ」と「たて」という事物を並べただけの「矛盾《むじゅん》」という語で表現するという具体例を挙げて、中国人は抽象概念を具象的な事物によって表現するとしていることも、言われてみれば、なるほどとうなずける。

一世紀か二世紀ごろ編纂《へんさん》された大乗仏典の『法華経《ほけきょう》』などに、十の五十九乗、あるいは五十六乗を意味するアサンクィエーヤ（asaṃkhyeya、阿僧祇《あそうぎ》）などの巨大な数が出てくるのも、さらにはインド人がゼロを発見したということも、中村の言うインド人の思惟方法からの必然的帰結として理解できる（拙著『思想としての法華経』第十章参照）。

『東洋人の思惟方法』に対する毀誉褒貶

サンスクリット語はもとより、パーリ語、漢文、チベット語などの自在な読み込みによって達成されたこの中村の名著『東洋人の思惟方法』に対して、学界では激しい毀誉褒貶《きよほうへん》があった。特に先輩教授たちの批評は、好ましくなかった。手ひどい批判も加えられた。ある博士は「専門外のことに触れているのがよくない」と批判した。その批判を聞いた一高時代の恩師、亀井は、「へえ、〇〇がそんなことを言っているのかい。それは彼が間違っているよ」と言った。中村の研究自体が既にセクショナリズムを超えていたが、亀井のひとことで自信をさらに深めたことであろう。

当時の東洋哲学の学界で学問といえば、文献研究か、教養の解説のことだ、と思われていた時代であるから無理もない。『東洋人の思惟方法』を非難していたのは、主にインド学・仏教学の文献学者たちであった。中村は、ずば抜けた語学力でだれよりも文献（原典）に基づいて研究していたが、その文献学について、「研究の基礎となるものとして重要である」と押さえた上で、「思想の研究において文献学のみに頼って研究する人を、私は信用しません」と厳しく批判していた。

その一方で、中村より年下の研究者たちからの支持は、学界のセクショナリズムを超えて強固であった。特に思想の科学研究会の鶴見《つるみ》和子《かずこ》（一九一八〜二〇〇六）・鶴見俊輔《しゅんすけ》（一九二二〜）姉弟の存在は大きかった。中村は、「両氏がその価値を認められたことは、この書の運命にとって大きな意味をもつことになった」と述懐している。二人がアメリカの学者・知識人にこの書を紹介し、思想の科学研究会の有志によって「日本人の思惟方法」の部を英訳することが企画され、さらには一九五一年にアメリカのスタンフォード大学から客員教授に招かれた。

一九五一年の夏季休暇を前に行なわれた歓送会では、東京大学教授の宮本正尊《みやもとしょうそん》（一八九三〜一九八三）が「アメリカ人は皆、中村君のこの本によって、一気に東洋人の思惟を学ぼうとしている」と祝福し、駒澤《こまざわ》大学教授の水野《みずの》弘元《こうげん》（一九〇一〜二〇〇六）は「これまで、日本の中村であったものが、これからは世界の中村としてはばたかれる」と祝辞を述べた。

アメリカでは、多くの学者や学生たちと『東洋人の思惟方法』をめぐって種々の意見を交換することができた。学生たちには、インド哲学、仏教哲学を講義した。受講者は七、八人から十数人の間であったという。スタンフォード大学に着任してすぐに、黒澤明監督の映画「羅生門《らしょうもん》」が、ヴェネツィア国際映画祭グランプリを受賞し、学生たちの希望にこたえて、「羅生門」を観《み》に連れて行ったこともあった。学生たちが、「日本の自然はあんなに美しいのですか?」と感想をもらしていたことを語ってくれた。

また、アメリカの哲学界で「ウィトゲンシュタインと禅」という比較研究が話題になっていることを知って、中村は驚いた。二〇一三年に筆者が、「制度としてのアカデミズムの外で達成された学問的業績」に対して贈られるパピルス賞を受賞し、その授賞式で、「中村先生が一番喜んでくださるはずの賞で、私は喜んでいます」と謝辞を述べた。その後の懇親会で、東大名誉教授の藤本隆志《ふじもとたかし》(一九三四〜)が、「私は、留学する時など中村先生にお世話になりました」と声をかけてきた。そして、スタンフォード大学から帰国した中村から、ウィトゲンシュタイン(一八八九〜一九五一)のことを紹介され、藤本は、「いささかびっくり」(人類の知的遺産七三『ウィトゲンシュタイン』、三〇六頁)して、すぐにその研究を手がけたという。ウィトゲンシュタインを日本に紹介した人が、中村であったことは、あまり知られていないのではないだろうか。

スタンフォード大学での任務を終え、インドを訪ねた時も、「シナ人の思惟方法」の部分を大西洋を渡る船の中やロンドン大学の宿舎で英訳し、それをアメリカの中国思想史学会に送った。

その英訳が、一九六〇年の日本ユネスコ国内委員会によって刊行された。一九六一年にコロンビア大学へ行った時は、その英訳が教科書として指定されていたし、フロリダ大学で中村は、多くの学生たちにサインを求められた。やがて、日本ユネスコ国内委員会出版の英訳が品切れとなり、紙型《しけい》もなくなり、新版を出してほしいという要請の声が寄せられた。それに応《こた》えて欧米人の読者が理解しやすいように表現を改めたり、資料を新たに提示した改訂版が、一九六四年にハワイのイースト・ウェスト・センターから出版された。校正・索引づくりは、ハワイ大学助教授(当時)のケネス・K・イナダ（一九二三〜二〇一一）が担当した。筆者は三十年前、東京・目黒区の古本屋でその本を見つけて購入した。また二〇一四年六月、慶應義塾大学で行なわれた和光大学名誉教授、前田耕作（一九三三〜）の講演会でアフガニスタン・カーブル大学講師、上智《じょうち》大学教授などを歴任した土谷《つちや》遙子《はるこ》と出会った。中村と五十余年前に会ったことがあるという。当時、日本ユネスコ国内委員会で勤務し、中村が英語版の「あとがき」に挙げた協力者の一人であった。同時に英訳された『禅の研究』を見た鈴木大拙から「索引がありませんね」と言われ、土谷は『東洋人の思惟方法』の英訳にも索引をつけていなかったことがずっと気になっていたという。そこで、本書の再校ゲラのこの箇所を見せた。「改訂版で索引が入ったんですね」と喜んだ。そして、「植木さんとの出会いは、中村先生のお導きに違いありません」とつぶやいた。筆者にもそうとしか思えなかった。

『東洋人の思惟方法』の反響は世界に広まり、部分訳を含めると、現在では英語のほかにもドイツ語、フランス語、中国語、韓国語、スペイン語などに翻訳されている。

スペイン語版の出版と東洋学研究所開設

スペイン語版が出版される際に、筆者は、その翻訳者のグラナダ大学教授アントニオ・M・マルティンと会う機会を得た。グラナダ大学教授でカトリックの神父でもあるフリアン・L・アルヴァレスに同行して、一九九四年に中村を訪ねて来日した。その日の東方学院の中村の講義は、急きょアルヴァレスの講演に変更された。初めにマルティンが「来る東洋学研究所のオープンに合わせて、『東洋人の思惟方法』のスペイン語訳を進めています」と挨拶《あいさつ》した。

アルヴァレスは、四十年前に上智大学の神学教授として来日した時のことから話し始めた。日本

文化を学ぶために東大の中村を訪ねた。そこで、原始仏典『ウダーナ・ヴァルガ』の

実にこの世においては、およそ怨《うら》みに報いるに怨みを以《もっ》てせば、ついに怨みの息《や》むことがない。堪え忍ぶことによって、怨みは息む。これは永遠の真理である。怨みは怨みによっては決して静まらないであろう。怨みの状態は、怨みの無いことによって静まるであろう。
（『ブッダの真理のことば・感興のことば』、二〇三頁）

という言葉に感銘した。アルヴァレスは、「カトリックの愛と憎しみの二元論とは全く異なる仏教の思想に感銘を受け、この四十年間、グラナダ大学に仏教を研究する東洋学研究所を創《つく》ることに奔走してきました」と話した。

また、ヘミングウェイの小説『誰《た》がために鐘は鳴る』で有名なスペイン内乱（一九三六〜一九三九年）での自らの貴重な体験を情熱的に話した。その内乱では、多くの人が「お前は、カトリックではなくて共産主義か？」「イエスか、ノーか？」と詰められ、「イエス」と答えると射殺された。少年であったアルヴァレスの伯父《おじ》や親族も、目の前で射殺された。人指し指と、親指でピストルの形をつくって腕を伸ばし、「バーン」と声を出して、その時の模様を再現した。少年の目に生々しいその場面が鮮烈に焼きついた。それだけに、中村を通して知った仏教の寛容思想に感動した。

小柄で白髪の七十歳近いアルヴァレスは、年齢を全く感じさせることなく情熱的に話した。私は目がうるんでくるのを禁ずることができなかった。周囲を見回すと皆、涙を浮かべていた。

アルヴァレスは、「私は、スペインの国をよくしたい。今、スペインは青少年の非行や犯罪が横

行しています。彼らに希望を与え、彼らを指導する原理は今のスペインにはない。私は、仏教の思想が重要な役割を果たすと思っています。だから、スペインに仏教を学ぶ大学を創ろうと思って、日本からスペインに帰国してこの四十年間、努力してきました。グラナダにその土地を得て、やっとそれが設立されることになりました」と結んだ。グラナダは、イスラム建築のアルハンブラ宮殿で有名な美しい街である。

以上のことを、日本人が話すのと変わらない流暢《りゅうちょう》な日本語で話した。中村は、「アルヴァレスさん、四十年前は日本語がおできになりませんでしたよね。随分、上手になりましたね」と驚いた。アルヴァレスは、「仏教を学ぶためには、日本語が必要だと思って、四十年間、一所懸命に勉強しました。今度創る研究所では、日本語を必修にします。仏教の講義も当然入れます」と、答えた。

その後、アルヴァレスは、一九九七年にも東方学院を訪ねてきた。その時、中村は、「アルヴァレスさんは、東西文化の架け橋を築こうとされていますと紹介した。それを受けて、アルヴァレスは、「今、中村先生が話されたことは、私の考えではなく、中村先生のアイデアなんです。上智大学に赴任してきて、中村先生と会って初めて、東西文化の架け橋を築くことの大切さを覚《さと》りました。地球は一つになりつつあるのに、人間はバラバラです」と話した。

中村は、対立を超える智慧《ちえ》を仏教に見出《みいだ》し、宗教間の対立や、東西の文化的対立を乗り越えることをアルヴァレスにも期待していたのであろう。『東洋人の思惟方法』に込めた中村の思いが、スペインの地に種まかれ、芽生え始めた思いがした。

書き残すことの大切さ

中村は、『東洋人の思惟方法』を出版したことで、自身の人生行路に恵みが与えられ、多くの読者が社会的に中村を支持、協力してくれることになったと語った。そして、中村は、「未熟な段階であろうと、僭越《せんえつ》だと思われようと、研究したことは本の形で書き残しておきなさい」と語り、人文科学の研究者にとって出版物などの形で書き残すことがいかに大切なことであるかを強調していた。その理由として、いろいろ挙げていたが、次の七点にまとめることができよう。

①せっかく研究したことを忘れてしまってはいけないから。
②今は未熟に見えても、後で意味を持たないとも限らない。
③書き付けて表現することによって、弱点、問題点が見えてきて、研究がうぬぼれに終わってしまうことを防げる。
④それを踏まえて、さらに発展させることができる。
⑤学問の成果は、万人の批判に耐えうるものでなければならない。批判を通して、学問の発展がある。
⑥〝第三者の眼《め》〟で見ることが可能になる。
⑦どこのだれが読んでくれるか分からない。それによって思わぬ発展につながる。

さらに中村は、講演を引き受ける時は、必ず講演内容を小冊子などに活字化することを条件として要求した。話しっぱなしでは、それが消えてなくなるからである。

第四章　念願のインドの大地へ

スタンフォード大学での講義を終え

中村は、『東洋人の思惟《しい》方法』を執筆していた時もそうだが、一九六三年と六六年に出版される『インド古代史』上・下巻をまとめながら、生きているインド人の生活と魂にぶつかりたいという思いを募らせていた。その思いも、戦争で日本が〝鎖国状態〟であったためにかなうことはなかった。欧米人の書いたものを読んでも、その点については全く触れられていなかった。それも当然のことで、彼らはインドに行ったこともなければ、行こうとも思っていなかったからだ。中村のその念願がかなったのは、一九五二年、三十九歳の時だった。

アメリカのスタンフォード大学での講義を終えて帰国する時、中村は、まっすぐ日本に帰りたくなかった。ヨーロッパを巡り、インドの大地を踏みしめた後に帰国している。いわば地球を一周したことになる。その経路は、七月四日にカリフォルニア州パロ・アルトを出発してニューヨークへ出て、貨物船でベルギーのアントワープにわたり、イギリス、パリ、南ドイツを経て、ローマから飛行機でインドのボンベイ（現、ムンバイ）に至るといった長旅であった。インドに着いたのは真夏の八月三十一日であった。インドでは、デリー、アグラ、ベナレス、ブッダガヤー、パトナを訪れ、九月十二日にカルカッタから船で帰国している。インドに滞在したのは十三日間であった。神戸に着いたのは十月十四日だった。

筆者も四十歳になったばかりの時、中村と同じ八月下旬の暑熱のインドを二週間ほどかけてデリー、ベナレス、ブッダガヤー、アグラと旅したことがある。パトナ以外は、同じところを訪ねたことになる。その時、筆者は食あたりで三十九度近い熱を出して、点滴を受けるほどだったが、中村の手記を見ると、体調を崩した形跡は見られない。むしろ、楽しんでいる。中村の所持金が残り少なくなった時、地元の人が中村に同情し、寝床として屋上を提供してくれたことがあった。その夜のことを、「屋根の上での涼しさは格別であり、満天の星くずと月を仰ぎながら眠りに落ちてゆくのは、何ともいえず、すばらしい心持ちであった」（『学問の開拓』、一二二頁）と、何とも詩的な文章で書き綴《つづ》っている。インドの風土は、よっぽど中村の身にも心にも適合していたのであろう。

中村は、インドに第一歩を踏み入れた時のことを、「空港からボンベイの都心部に向かう車の中から、棕櫚《しゅろ》や椰子《やし》の樹木の間にインド人の住居の光が点滅するのを見たとき、わたくしの心は躍り上がった」（同、一二二頁）とその興奮を記している。仏典やヒンドゥー教の聖典に出てきた五体投地、ガンジス河の沐浴《もくよく》、野良牛《のらうし》の徘徊《はいかい》する街を自分の目で確かめて、心を躍らせた。それにしても、初めて自分の目で見るインドは、「あまりに強烈な刺激」であったと『インド紀行――伝統と文化の探究』（春秋社）に記している。

スタンフォード大学での講義を終え、インドを初めて訪ねた二年後の一九五四年に、東大教授に就任した。

一九五二年に続いて、一九五五年には、東大教授としてビルマのラングーンで開かれたアジア知識人会議に参加した後、インドのヴィンディヤ州、中央州を訪ね、一九五六年の釈尊生誕二千五百年記念式典の際は、仏跡を巡拝し、一九六〇年にはインド政府の招待で南インドを訪ねている。これら四回の旅の印象は、前記『インド紀行』として一九六三年に出版された。筆者は、その本をたまたま古本屋で見つけて、購入した。その「はしがき」に中村は、「詩人、芸術家、美術史家などの旅行記とは異なり、むしろ思想史研究のための事実的な裏づけを求めたのであり、焦点はそこにおかれている」と記している。中村のインド訪問は、文字を通して読んできたインドの実情を、自らの目で確認することに主眼があったといえよう。

その後も回を重ねて、中村は、約二十回インドを訪れた。

生活、風習、慣例を知ることは、古典解読に必要

中村は、インド人の思惟方法からみると「言語のみならず、インド人の生活、風習、慣例を知ることは、古典の解読のために非常に必要である」（『最終講義』、三四五頁）と強調した。それは、経典の中から「明らかに後代の付加または潤色と思われるものを除去すると、残りの部分、恐らくこの経典の中核となった部分は、現代インドの農村に見られる生活、風習、慣例とそっくりである。後代の付加物をとり去ってゆくと、実はそこに、〈現代のインド〉だけが残る」（同、三四五頁）からだ。それは、逆に現代インドを通して、経典や古典に描かれたことが見えてくるということであろう。

その具体例として、仏伝叙事詩『ブッダチャリタ』（仏所行讃《ぶっしょぎょうさん》）の中に、若い女性が「子どもを腰にかかえる」という表現が出てくるが、それは現代のインドでもそのまま見られる光景だと語っ

ていた。筆者も、サンスクリット語の『法華経』を翻訳していて、同じ表現に出くわした。それは、譬喩品《ひゆぼん》の「三車火宅《さんしゃかたく》の譬《たと》え」で父親の資産家が、火事になった邸宅で遊びに夢中になっている子どもたちについて、「私はこれらのすべての子どもたちを一つに寄せ集めて、腰に抱えて、この家から脱出させるとしよう」（拙訳『梵《ぼん》漢和対照・現代語訳　法華経』上巻、一九五頁）という箇所である。

　また中村は、「具寿《ぐじゅ》」と直訳され、「長老」と漢訳されたアーユシマット（āyuṣmat）について、インドで見聞したことから、訳し方の訂正を主張した。後者の訳を見ると、老人に対して用いられる言葉のように見受けられるが、インドに行くと若い人に対してよく用いられていた。アーユシマットは、アーユス（āyus、寿命）と、「〜を持つ」という意味の接尾辞マット（mat）の複合語であり、「〔残された〕寿命を持つ〔もの〕」ということで、「若い人」のことである。中村は、バラモンである父親が自分の息子にアーユシマットと呼びかけている例も挙げている（『ブッダ最後の旅』、一八九頁）。

　現在のサールナートにあたるムリガ・ダーヴァ（鹿野苑《ろくやおん》）は、リシ・パタナとも呼ばれた。これが、仙人堕処《せんにんだしょ》（『解深密経《げじんみつきょう》』など）と漢訳されていることについても、中村はユーモアを交えて訂正すべきことを説く。この漢訳は、「仙人（ṛṣi）が墜《お》ちるところ」を意味する。パタナ（patana）は、「落ちる」という意味の動詞の語根パト（√pat）に中性名詞をつくる接尾辞anaを付けたもので、「落ちること」と考えたのであろう。ところが、インドの飛行場に降り立つとヴィマーナ・パタナ（vimāna-patana）という文字が目に入る。現代のヒンディー語で、これは飛行場のことだ。先ほどの訳し方にならうと、「飛行機（vimāna）の墜ちるところ（patana）」となる。これでは物騒なことになると中村は言う。動詞のパトには「入る」という意味もあるので、これは「飛行機の集まるところ」という意味である。先ほどのリシ・パタナも「仙人の集まるところ」という意味であり、「仙人住処《せんにんじゆうしよ》」（『雑阿含経《ぞうあごんきよう》』など）という訳のほうが正確だということになる。

大史詩『マハー・バーラタ』やジャイナ教の聖典に「秤《はかり》を正しく保て」という教えが出てくるが、中村は、インドでタクシーに乗ってその言葉の意味を痛感した。メーターによく注意しておかないと余分に請求されるというのだ。『法華経』にも「秤によって重量を偽る者」（拙訳『梵漢和対照・現代語訳　法華経』下巻、四一五頁）という言葉が出てくる。

インド人は、水洗化される前のかつての日本風の便所を大変に嫌がる。インドでは便所に汚物をとどめない。その代わり、町の側溝に平気でそれを水で流している。中村がそのことを記述してから約三十年後、筆者はインドを訪問した。日本の銀座に当たるニュー・デリーのコンノートプレースという町の繁華街を少しそれたところで、異臭に気付いた。側溝に目をやると、側溝の蓋《ふた》の小さな穴に黄色いものが付着している。それを見て、中村の記述を思い出した。筆者は、後にサンスクリット語の『法華経』を現代語訳していて、仏国土を描写した箇所に「糞尿などの汚物の排水路もなく」（拙訳『梵漢和対照・現代語訳　法華経』上巻、三九九頁）とあるのに驚いた。インドで見たことを思い出しながら、これは、インドの現実の裏返しを仏国土という理想の国土として表現したものだろうと妙に納得したものだ。

筆者が、一九九九年にチベットのポタラ宮殿で発見されたサンスクリット語の『維摩経《ゆいまきよう》』を現代語訳していて、ātmaparākṣaṇyanatayā（< ātma-para-akṣaṇyana-tā）という語が出てきて、意味不明で困ったことがあった。ātma-para は「自他」であり、最後の -tā は女性の抽象名詞をつくる

接尾辞だが、akṣaṇyana の意味が不明である。チベット語訳では「自他をともに護《まも》る」、支謙訳は「彼我皆護」、鳩摩羅什《くまらじゅう》訳は「彼我を護る」、玄奘《げんじょう》訳は「自他を護る」となっていて、akṣaṇyana の相当箇所はすべて「護る」という訳になっている。サンスクリット原典が発見される前のことだが、ベルギーのÉ・ラモットは、英語の protect（護る）に相当するサンスクリット語の pālayati という動詞を推測していたが、akṣaṇyana とは似ても似つかない。

筆者は、意味と単語の類似性を考慮して、rakṣaṇa の誤植であろうと考えて訂正した。それは、筆者がインドを訪れていたことの賜物《たまもの》であった。かつて、筆者が八月下旬のインドでアグラからニュー・デリーまで列車に乗った時、右の手首にリボンのようなものを巻いている白ひげの男性と隣り合わせたことがあった。それは、ラクシャー・バンダン（rakṣā-bandhan）という祭りに女性が男性の手首に着けてやるものだと聞いた。神妃が夫の手首にラクシャー（お守り）を着けて、夫が悪魔を倒すのを助けたという神話に基づく。そのラクシャーは、「護る」という意味の動詞の語根ラクシュ（√rakṣ）に女性名詞をつくる接尾辞 -ā を付けた rakṣā のことである。このことが記憶に残っていて、ここは√rakṣ に中性名詞をつくる接尾辞 -ana を付けたラクシャナ（rakṣaṇa）のことであろうとひらめいた。こうして、ātmaparākṣaṇyanatayā を ātmapararakṣaṇatayā（ātma-para-rakṣaṇa-tā の単数・具格形）と改めた。これは、「自他ともに護ることによって」と訳される。これも、あの時のラクシャーに護られたのであろう（拙訳『梵漢和対照・現代語訳　維摩経』、三二四頁参照）。

これらは、中村の言う、現代インドの生活を知っていることが、古典の世界を理解するのに役立つという具体例である。

思想理解は、人間の生活の場との関連で

「思想というものは、人間の生活の場との関連において理解されなければならない」ということも中村の口癖であった。そして、「ヨーロッパの学者の中には、インドに一度も行ったことのない学者がいまだに幅をきかせています」と嘆いていた。確かに思想は、それを生み出した社会と歴史の流れの中で理解することが欠かせない。仏典を書斎の中で読んでいるだけでは理解できないことが多い。

インドに行ったことがなければ、その自然、天候、風土などを誤解して受け止めてしまうことが起きかねない。例えば、「海」「大海」と漢訳されたサンスクリット語のサーガラ（sāgara）は、雨季のモンスーンがもたらす大雨と洪水によって生じた「広大な水」を意味していた。ところが、ヨーロッパ人たちは、それをオーシャン（ocean、海洋）と英訳してしまった。中部インドの人たちは海洋から遠く隔てられていて、海洋を見たことがなかったのだから、誤訳といえよう。

中村は、オリッサ州を訪ねた時、洪水で家も畑も水につかっているのを目撃して、サーガラの意味することを目の当たりにした。インドの平野は、関東平野など平野のうちに入らないほどに広大である。何日旅行しても山一つ見えない。そこに水がたまり、見渡す限り水が広がって、まるで海のようになる。

筆者も、雨季の八月に飛行機でベナレスに行った時、上空から下界を見下ろすと、見渡す限りチヨコレート色をしていた。角度によって、青い色が見えた。それは、空の青が泥水の水面に反射されたものだと分かって、ウッタル・プラデーシュ州全体といっていいほどの洪水であることを思い

知らされた。

中村は、原始仏典の『マハー・パリニッバーナ・スッタンタ』の次の一節を自らの体験をもとに読み解いている。

この世で自らを島とし、自らをたよりとして、他人をたよりとせず、法を島とし、法をよりどころとして、他のものをよりどころとせずにあれ。
（『ブッダ最後の旅』、六三頁）

ここでは、「たより」「よりどころ」を「島」（dīpa＝「洲《す》」とも訳せる）に譬えているが、雨季に日常的とも言えるほど大洪水に見舞われるインド人にとって、「島」や「洲」という譬えは、生活実感に根ざした言葉だったのである。

インドに行ったことのないインド学者たち

中村は、インドに行ったことがない学者としてオックスフォード大学のマックス・ミュラー（一八二三〜一九〇〇）を挙げて、その訳し方の問題点を指摘している。ミュラーは、東洋の諸宗教の聖典を英訳した「東方聖典」(Sacred Books of the East) 全五十巻を一八七九年から一八九四年にかけて編集した人である。日本のインド学の開拓者である南条文雄《なんじょうぶんゆう》（一八四九〜一九二七）、高楠《たかくす》順次郎《じゅんじろう》（一八六六〜一九四五）らがサンスクリットを学んだ先生でもある。

中村は、マックス・ミュラーがインドに対して敬意を抱くこともなく、キリスト教をひろめるための前段階に役立つものとしかとらえていなかったことに疑念を抱いていた。そこに中村は、アジアに対する軽視を見ていたのであろう。こうしたことは、西洋の学者たちの大半に見られることであった。サンスクリット語辞典をつくったオックスフォード大学教授であったモニエル・ウィリアムズ（一八一九〜一八九九）は、イスラム教、バラモン教、仏教のことを「三つの主な虚偽の宗教（false religions）」と呼んで、キリスト教を絶対視していた。それは、彼自身が牧師であったことにもよるであろう。

それに対して、中村はバートランド・ラッセル（一八七二〜一九七〇）の態度を高く評価していた。多くの学者が『哲学史』と題する本を著わすと、いつも東洋の哲学が含まれていなかったが、ラッセルはきちんと『西洋哲学史』と自らの立場を限定して執筆していた。しかも、その『西洋哲学史』において、普遍的な愛を説いている代表としてゴータマ・ブッダを挙げ、ゴータマの愛（慈悲）こそ世界に関して望ましいすべての方向に向かわせる動機であると主張していると評価していた（『比較思想論』、七一頁）。

マックス・ミュラーの訳し方については、例えば、パーリ語の原始仏典『ダンマ・パダ』に出てくるパッバタ（pabbata）とヴァナ（vana）という語について論じている。マックス・ミュラーは、これをmountain（山岳）とforest（森）と英訳している。ところが、mountainに相当する語はギリ（giri）であり、パッバタは日帰りで登れるほどの小高い山のことである。釈尊の活動したウッタル・プラデーシュ州からネパールのタラーイ盆地には高い山岳は存在しない。また、ヴァナは森ではなく、木がまばらに生えた林である。こうしたことから、中村は「マックス・ミュラーはインドの自然環境を知らないためにヨーロッパ的想像をめぐらして訳している」（『ブッダの真理のことば・感興のことば』、一〇七頁）と論じている。

またナガラ（nagara）をマックス・ミュラーは fort（城砦《じょうさい》）と英訳しているが、ナガラは人々が住んでいる市（city）や町（town）のことで、インドでは、外敵を防ぐために人民は城壁に囲まれた中で暮らしていたのである。それは、中国語の「城」と通じるものだが、人民が城の外に住む日本の場合とは異なっている。この fort も、インドの暮らしを知らないマックス・ミュラーの誤訳である。

筆者の勘違いについても紹介しておこう。沖縄で講演した時のことだった。沖縄の県花がデイコであることから、筆者は「沖縄の県花・デイコが『法華経』などの仏典に頻繁に出てきます。仏典の曼荼羅華《まんだらけ》は、サンスクリット語のマーンダーラヴァ（māndārava）を音写したものですが、これがデイコなのです」と話したところまではよかった。ところが、「そのマーンダーラヴァが空中からハラハラと降ってきたとあるのです」と話してしまった。講演が終わって、ある人が近づいてきて声をかけた。

「植木さん、デイコはハラハラとは降ってきません。ボテッと落ちます」

と指摘された。そして、その方の運転する車で、デイコの花が咲いているところまで連れていってもらった。何と、肉厚の花だったのだ。これでは、ボテッと落ちるしかない。筆者は、桜の花をイメージして、勝手に「ハラハラと」という表現を用いていたのである。

また、中村が、「釈尊は昼寝をされていた」と書いたことがあった。それに対して、「中村は、仏さまを怠け者のように言っている」と非難されたことがあったという。これなども、インドに行ったことのない人たちの非難といえよう。インドの夏は暑いというよりも熱い。摂氏四十度を超すことはざらである。昼間のかんかん照りの時間帯は、何もする気が起こらない。多くの人たちは、木陰などで昼寝をしている。その代わり、早起きであることを見逃してはならない。
タージマハルを訪ねた時、筆者が、朝五時ごろ起きてホテルを抜け出して、街灯もない街を散策していると、月も星も出ていない真《ま》っ暗闇《くらやみ》の向こうから、何か「フッ、フッ、フッ……」という息遣いをしながら近づいてくるのが聞こえてきた。直前になって、目を凝《こ》らして見て初めて、それが真っ黒な水牛であることが分かった。川に水浴びに連れて行くところだった。さらに歩みを進めると、家々の前でかすかなローソクの光で人々がたむろしていた。歯を磨いている人たちもいる。いっぱい葉をつけた菩提樹《ぼだいじゅ》の小枝の束を抱えている少女もいる。ヤギに食べさせるために切ってきたのだと言う。みんな昼寝はするけど、朝早く起きて活動を開始していたのだ。それが、猛烈な熱さのインドの習慣なのだ。お釈迦《しゃか》さまが昼寝をされていたからといって、それはインドでは生活習慣のようなものであり、怠けているということにはならないのである。

インドの大学・研究所の実情も

『インド紀行』の第十六章「学問をもとめて」は、インドの学術的な実状の詳細な報告にもなっている。一九六一年当時、インドに四十六あった大学の大半や、研究所における東洋研究、特にインド学の研究について、その実情を六十七頁にわたって紹介している。例えば、六頁にも及ぶデリー大学についての記述の最初の部分だけ引用すると、次の通りである。

デリー大学では一九五七年十月二十一日に仏教学科が開設され、プーナから移って来たバパト博士が主任教授であった。同博士はその講座開設講演の中で、日本を含むアジア諸国に及ぼしたブッダの影響を述べた。在職期間は短く、一九六一年三月には引退され、ついでゴーカレー博士がそのあとを襲った。そのほかに準教授（リーダー）としてもと仏教の出家僧侶であったジナーナンダ（Jinananda）博士がパーリ語を教え、セーングプタ女史（Miss Sudha Sengupta）がパーリ語および考古学を、サンガセーナ氏（Sanghasena）がサンスクリットおよびパーリ語を、パンデーヤ博士（R. C. Pandeya）がインド哲学および仏教哲学を、ローヤン夫人（LoYang）が、シナ仏典を、ラマ・チンパ（Chimpa）がチベット語を講師として教えている。パンデーヤ博士はベナレス大学でサンスクリット文法（パタンジャリ、バルトリハリなど）について学位論文を提出し出版した（*The Problem of Meaning in Indian Philosophy*, Delhi etc. 1963）。インドのすべての大学を通じて、仏教学科がおかれてあるのは、この大学だけである。

（『インド紀行』、二六九頁）

このように大学・研究所の来歴、現状、研究者の顔ぶれだけでなく、業績、研究テーマなど詳細に記している。中村のインド訪問が単なる観光目的ではなかったことが一目瞭然《いちもくりようぜん》である。いずれの研究者も、初訪問から十年近くの間に中村と交流のあった人たちである。

ボンベイ大学の図書館では、「中国から買った大蔵経《だいぞうきよう》がある」と見せられたが、それは日本の大正新脩大蔵経（略して大正蔵）であった。中村は、日本についての認識の低さをその時身をもって知った。

南インドのマイソール大学の図書館には、多数の棕櫚《しゆろ》の葉の写本と紙の写本とが蔵せられていた。中村は、棕櫚の葉に実際に書き付ける場面を見せてもらった。パンディット（学者）が、切り取られ削られた貝葉《ばいよう》に鉄筆で文字を書きつける。そこに刷毛《はけ》で一種の油を塗ると、刻まれた文字のところが直ちに緑黒色になる。その油自体は、虫を防ぐ働きがあり、保存に適しているという。古代においては、どのような油を用いていたかは分からなくなっているとのことだった。

筆者が聞いた、ネパールで現在も行なわれている『法華経』などの写本づくりのやり方は、竈《かまど》で集めた煤《すす》を油で練り、棕櫚の葉に刻まれた文字に塗りこみ、葉の表面を拭《ふ》くと、くぼんだ文字のところに墨が残るとのことで、マイソールのやり方とは異なっている。

生きたサンスクリット語

中村が、大学でサンスクリット語を学んでいるころは、インド人でサンスクリット語を教える人はいなかった。中村は、極力インド人と付き合って、サンスクリット語を直接教えてもらった。すると日本で教わったサンスクリット語の発音とはかなり違いがあった。中村は、その理由を次のように説明した。日本の学者は、十九世紀のマックス・ミュラーからサンスクリット語を学んだが、ミュラーも、その恩師のフランツ・ボップ（一七九一～一八六七）も、フリードリッヒ・シュレーゲル（一八七二～一八二九）もインドに行ったことはなく、何代も語り継ぐ〝伝言ゲーム〟を経て発音にずれが生じてしまったというわけである。

そこで中村は、インドに赴いては、サンスクリット語を自在に使いこなす学者と会い、現代に生きるサンスクリット語の実際をまとめた。それが、ニュー・デリーのモーティラル・バナルシダスという出版社から一九七三年に *A Companion to Contemporary Sanskrit*（現代サンスクリットへの手引き）として出版された。

そのやり方は、紀元前五世紀ごろ西北インドのバラモンたちがサンスクリット語を話すのを聞いて回って、『八章から成る文法書』(*Aṣṭādhyāyī*)を独りで体系化したパーニニを思わせる。

中村は、サンスクリット語の読み書きだけでなく、話すことも堪能であった。ベナレス・ヒンドゥー大学をはじめとする官立のサンスクリット大学や、サンスクリット語を教える私塾を訪ねた折のことを、「かれら古風な学者たちは英語はてんで話さないが、サンスクリットでの会話は自由自在である」(『インド紀行』、六一頁)と記している。ここからは、明記されてはいないが、中村自身がサンスクリット語の会話が自由自在であったことが読み取れる。

実際に、一九五六年にデリーで行なわれたインド政府主催の「釈尊生誕二千五百年式典」で、副大統領のS・ラーダークリシュナン博士(一九五二～六二年まで副大統領を、六二～六七年まで第二代大統領を務めた)が英語でスピーチしたのに、中村は巧みな表現のサンスクリット語でスピーチした。

筆者の友人が「SAPIO」(一九九九年十一月十日号)という雑誌を持参し、「中村先生のことが出てるよ」と見せてくれた。そこには、在日インド人協会会長のA・P・S・マニ氏が寄稿していた。

> 22年前、来日して4日目、銀座のインド料理店で食事をしていた私の耳に、見事なサンスクリット語が飛び込んできました。私の後ろの席に偶然中村さんがいらして、お連れの日本人学者と、サンスクリット語で仏教談義をたたかわせておられたのです。感銘のあまり自己紹介してしまいまして、以来、親しくおつきあいさせていただきました。

と綴《つづ》っている。

一九九〇年代後半ごろのことであっただろうか、名古屋大学教授の和田《わだ》壽弘《としひろ》の案内でインド・プーナ大学教授のヴァシシュタ・ナラヤン・ジャー（Vashishta Narayan Jhā）が中村を東方学院に訪ねてきたことがあった。中村が、和田とジャーとともにヴェジタリアン専門のレストランに食事に行くことになり、東方学院の受講者の中から筆者らも希望者として同席させてもらった。

インドの第２代大統領であり哲学者であったサルヴパッリー・ラーダークリシュナン（Radhakrishanan）氏と。インド大統領官邸にて（1966年9月26日）

　そのジャーは、中村との対話のなかで、われわれがヴィジュニャーナと発音しているvijñāna（識別）をヴィギュニャーナと発音していた。インドの一部の地域では、jをgやgyで発音するという話は聞いていたが、その実例を目の当たりにすることができた。それは、ジェータ・ヴァナ・ヴィハーラ（Jeta-vana-vihāra）、すなわち「ジェータ（Jeta）太子の園林《おんりん》（vana）に建てられた精舎《しょうじゃ》（vihāra）」が祇陀園林精舎《ぎだおんりんしょうじゃ》（略して祇園精舎《ぎおんしょうじゃ》）と音写されたことと通じている。「ジェー」が「祇《ぎ》」と音写されているのだ。

さらに、インド人のジャーが、日本人の中村にサンスクリット語について質問したのには驚いた。サンスクリット語のセーヴァー（sevā、奉仕）と英語のサーヴィス（service）は語源的に同じと考えていいかという質問である。それに対して中村は、「今、ここでは即答できません。調べてお答えさせていただきます」と言った。中村は、日ごろから曖昧《あいまい》なままでは決して断定しないという姿勢を貫いていた。この時も、その姿勢をうかがうことができた。それとともに、インド人の大学教授が、中村にサンスクリット語について教えを乞《こ》うという貴重な場面を目撃することができた。

海外への研究成果の発信

ところが、中村は、スタンフォード大学に客員教授として招かれた時のことを振り返って、英会話で困ったことを話したことがあった。中村は、一高時代、ドイツ大使館から表彰されるほどドイツ語の成績が優秀であった。ところが、英語について、「一高時代にペツォルト先生からドイツ語を鍛えられたが、英語を鍛えられることはなかった。だから、私の英語は中学で学んだレベルにとどまっている」と述懐している。また、戦時中、英語は敵性語とみなされていたこともあり、会話が苦手であったという。英語は、独学であった。

洛子夫人に当時のことを尋ねると、「主人の英語は、心臓（ハート）で通じさせる英語（イングリッシュ）だから〝ハートリッシュ〟でした。そのものズバリが言えないと、周縁部分から輪郭を狭めていって相手に理解を求めるという英語力でした」と話してくれた。「例えば、湯飲みのことを『お茶を入れて飲むものです』『ガラスでできたものではありません』『粘土でできています』といった程度でした。すると学生が、It's a cup. と教えてくれる。そんな調子でした。それでも、主人は、恥ずかしいとは思っていませんでした。それで、アメリカの大学で講義をしたのですから、心臓が強いのでしょうね」と。

中村自身は、「私は皆さんにとって仏教学の先生ですが、皆さんは私にとって英語の先生です」と学生たちに話していたそうである。そして、「その国の人に笑われることを恥じたり、恐れたりしないことが大切。笑われることなしに上達することは考えられない」と言った。

また洛子夫人は、「主人は、新聞の『ブラッシュ・アップ・ユア・イングリッシュ』という連載の切り抜きをポケットに丸めて持ち歩いて、バス停でも時間を見つけてはそれを読んでおりました。そして、月に一度、〝アウア・デイ〟（私たちの日）を決め、二人で映画を観《み》に行きました。それも英語の映画で、英会話の勉強をかねていました」と懐かしそうに語った。

中村は、「一つの外国語をものにしたければ、三年間集中的に勉強すれば何とかなる」という考えを貫いていた。筆者がサンスクリット語を学ぶことについても、「サンスクリット語の場合は、独学は無理です。辞書のひき方や、発音が分からないので、最低限の文法を教わったほうがいいでしょう」と具体的にアドバイスしてくれた。

そして、「サンスクリット原典を読んだら、必ず訳を書き残しておきなさい」と宇井から言われていたそうで、中村は東方学院の講義で、宇井のその言葉をしばしば口にした。その言葉のおかげで、筆者も博士論文執筆の際に翻訳していたサンスクリット『法華経』の抄訳メモを書き残し、それが、『梵漢和対照・現代語訳　法華経』上・下巻（岩波書店）へ、さらには『梵漢和対照・現代語訳　維摩経』（同）へと発展していった。

中村は、英語も集中的に学んだのであろう。その努力の末、英語などの欧文の著書と論文だけでも二百九十数点を発表している。

ある時、中村は東方学院での講義にアメリカで出版された仏教関係の学術誌を二冊持参した。「皆さん、この本の目次を見てください。日本人が何人書いていますか？　いないでしょう」と語った。見ると、中村の名前があるだけで、ほかには日本人の名前はなかった。

中村は、「日本の研究者は、あまり欧米の言葉で論文を書かれません。せっかく研究したことをもっと世界に発信すべきだと思います」と切々と訴えた。アメリカの学者から、日本にいい論文があったら掲載したいから紹介してくれと頼まれているとのことだった。「皆さんの中で英語で論文を書かれる方がありましたら、私が紹介者になります」とも話してくれた。このように中村は、後進のために道を切り開くことに常に心を砕いていた。

第五章　原始仏教の研究に見る中村の独創性

中村の業績は、既に述べたように、分かっているだけでも著書・論文合わせて千四百八十点余（そのうち欧文のものが論文二百八十四点と著書十数冊）にも及んでいる。一人の学者の業績としては前代未聞、空前絶後というほかない。その内容も、古今東西の思想にまで及び、その業績は、あまりにも広大すぎて、浅学非才の私などのとうてい論じきれるものではない。従って、ここで紹介するのは原始仏教の分野に限ったことであり、しかも中村の独創性のほんの一端を管見《かんけん》したものであることを断っておく。

ヴェーダーンタ哲学から原始仏教の研究へ

博士論文のためのヴェーダーンタ哲学の研究が一段落して、中村の研究の方向性はインドの思想を広く研究することへと向かっていった。学位論文『初期ヴェーダーンタ哲学史』全四巻の出版が完結した一九五六年に『インド思想史』（岩波全書）を出版した。その流れの中に仏教研究もあり、特に原始仏教の研究に取り組んだ。

中村の説明によると、原始仏教とは、一般的な言い方では、最初期における仏教のことで、釈尊

（前四六三〜前三八三）から始まった教団が部派分裂することなく一つにまとまっていた紀元前三世紀ごろまでの仏教を指す。それ以後には、部派分裂し権威主義的傾向を強めていった部派仏教（いわゆる小乗仏教）と、紀元前後にその小乗仏教を批判し釈尊の原点に還《かえ》ることを標榜《ひょうぼう》して興った大乗仏教が続く。

中村は、原始仏典の研究を通じて、歴史上の人物としての釈尊を明らかにすることに努めた。その生涯はどのようであり、その教えはいかなるものであったのか——その研究のための方法として、最も重視したのが、原典の成立の古いものと、成立の新しいものや後世に付加されたものとを見分ける基準を明確にすることであった。それは、「原始仏教聖典成立史研究の基準について」としてまとめられ、決定版『原始仏教の成立』に百六十頁余りにわたって収録されている。

その基準に基づき、一般に韻文は古いもので、散文の多くは後世の付加であるとして、韻文を中心に検討し、最初期の仏教の特徴を明らかにしている。その主なものは次の通りである。

①仏教独特の術語（仏教用語）というものはほとんど見当たらない。
②いわゆる教義なるものはほとんど説かれていない。
③修行僧は、森や洞窟《どうくつ》などの中に独りで住んでいた。精舎《しょうじゃ》での共同生活はまだ見られない。
④最初期に尼僧は存在しなかった。
⑤戒律の体系はまだ成立していない。
⑥釈尊は、勝《すぐ》れた人間として仰がれていたが、神格化が徐々に起こりつつあった。

それに加えて、複数の仏典で釈尊に関する記述が共通している表現は古いものであり、共通していない部分は後世の付加増広であるとして、付加増広の経緯を明らかにするとともに、付加増広以前の釈尊像に迫っている。

このような研究を踏まえて、中村の原始仏教についての研究の第一弾として、一九五八年に『ゴータマ・ブッダ――釈尊伝』（法蔵館）が出版された。それは、簡略化されて一九六三年に平凡社の「世界教養全集」第一〇巻に『釈尊の生涯』として収録され、二〇〇三年に平凡社ライブラリーとして文庫化された。それによると、釈尊は、自らを「人間」だと語っていたし、仏弟子たちも「ゴータマよ」「君よ」と呼びかけている。釈尊を人間離れした偉大で超人的な存在とする一方で、仏弟子はとうていそこには到達しえないと説かれたのは、後代の人々による神格化の結果であり、中村は「それは歴史的真実をゆがめている」（『釈尊の生涯』、一四九頁）と結論している。

釈尊の生没年＝「前四六三～前三八三年」

また中村は、歴史的人物としての釈尊の実像として、その生没年を特定することにも力を注いだ。『インド人の思惟《しい》方法』で中村が論じているように、インド人は時間的観念が稀薄《きはく》であり、歴史書もなかった。それは、普遍性を重視する思考が強く、現実に対する関心が薄いということの必然的な結果であった。従って、釈尊の生没年を確定するのは至難のわざである。西欧人は十九世紀末まで、釈尊を架空の人物だとみなしていたことは既に述べたとおりである。

そのような、困難な条件の中で、セイロン（現、スリランカ）、ビルマ（現、ミャンマー）、タイなどの南伝上座部仏教では釈尊の生涯を「前六二四～前五四四年」とした。それに基づいて、一九五六年に仏滅二千五百年の記念行事を行なった。西洋の大半の学者は、マガダ国の諸王の年代論と一致しないことや、十一世紀中ごろから先に遡《さかのぼ》ることができないことを理由に、この説を拒絶している。同じ一九五六年にインド政府が、釈尊生誕二千五百年の式典を催しているが、それは「前五四四〜前四六四年」説に立っていたことになる。全く同じ年に仏滅と生誕の記念行事が行なわれるほど、それほどに生没年は混乱していたのである。

西洋の大半の学者は、その代わりに、セイロンの『島史』『大史』に基づいた算定を行ない、いずれも仏滅を紀元前四八〇年前後としている。その中でも有力なものは、J・フリート、W・ガイガー、T・W・リス・デヴィッヅらによって採用されている「前五六三〜前四八三年」説である。類似のものとして、H・ヤコービの「前五六四〜前四八四年」説もある。

このほか、マックス・ミュラーの「前五五七〜前四七七年」説、フィリオザの「前五五八〜前四七八年」説もあるが、これは、異説の多いプラーナ（purāṇa、古伝書）やジャイナ教の伝説によるものであり、最近は支持されていない。

『歴代三宝紀』に説かれる「衆聖点記《しゅしょうてんき》」（大正蔵、巻四九、九五頁以下）、すなわち仏弟子のウパーリ（優波離）が律蔵（教団内の規則）を結集して後、毎年、夏《げ》安居《あんご》（雨季に行なう一定の場所での集団生活）が終わった時に代々の長老が伝持した律典に点を記したという記録に従って算定すると、九百七十五点目が四九〇年ということで「前五六五〜前四八五年」説になる。けれども、律蔵が成文化されたのは仏滅後数百年後のことなので、その間は点を記すことができなかったはずだという難点がある。ウパーリも、そのころまで生きていたはずがない。

以上の説に対して、宇井伯壽は、仏滅からアショーカ王即位までを二百十八年とするセイロンの伝説の信頼性を批判し、『十八部論』『部執異論《ぶしゅういろん》』という北伝の資料に基づいてアショーカ王即位と仏滅の間隔を百十六年として、「前四六六～前三八六年」と結論した。

中村は、この宇井の説を踏まえつつも、アショーカ王と同時代のギリシア諸王の在位期間について西洋の学者が新たに研究した成果に基づいて、アショーカ王の即位灌頂《かんじょう》の年を三年ずらし、「前四六三～前三八三年」に改めた。

宇井と中村の説の立脚点は、仏滅後百年にアショーカ王が出現したということである。これは、

①マガダを中心とする地域に古くから伝えられたものであること。
②セイロン上座部を除く各部派に共通であること。
③セイロン諸王の空位期間を説明しうること。
④五人の師による伝承としては妥当な期間であり、セイロンの伝説は二百十八年と長きに失するということ。
⑤セイロンの伝記が四～五世紀に作成されたものであるのに比べ、北伝は仏滅後四百年ごろに作成されたもので、北伝のほうが記録が古いこと。

などの理由で、中村説のほうがより確実性が高いといえよう。

研究の拠り所としての七つの原始仏典

『ゴータマ・ブッダ――釈尊伝』が出版された一九五八年には、『スッタニパータ』の現代語訳

『ブッダのことば』（岩波文庫）も出版された。

現代語訳の最初に『スッタニパータ』を取り上げた理由として、中村は、『ブッダのことば』の「解説」で、「パーリ文の原始仏教聖典のうちで恐らく最も古いもの、あるいは最も古いものの一つであると考えられるので、原始仏教研究の出発点ともなるべき書である」（四四二頁）と、その仏典の意義を述べた上で、「原始仏教の思想の研究をまとめてゆくためにも、自分で納得のゆく翻訳をつくってみる必要がある」（四三九頁）と記している。

最古とされる『スッタニパータ』も、古層（第四章と第五章）と、新層からなり、例えば出家者のことが前者では「遍歴行者」（paribbāja）や「仙人」（isi）と表現されていたのが、後者では「食を乞《こ》う人」（bhikkhu、比丘《びく》）となっている。こうした変化を『ブッダのことば』を通して確認することができる。

また中村は、仏教の起源をさぐり、最初期の仏教のすがたを明らかにするために拠《よ》り所とした特に古いとされる原始仏典として、『スッタニパータ』も含めて次の七つを挙げている。

① 『スッタニパータ』（*Suttanipāta*）
② 『サンユッタ・ニカーヤ』（*Saṃyutta-nikāya*）
③ 『ダンマ・パダ』（*Dhamma-pada*）
④ 『ウダーナ・ヴァルガ』（*Udāna-varga*）
⑤ 『テーラ・ガーター』（*Thera-gāthā*）
⑥ 『テーリー・ガーター』（*Therī-gāthā*）

⑦『マハー・パリニッバーナ・スッタンタ』(*Mahā-parinibbāna-suttanta*)

平易な言葉での現代語訳

中村は、これらの仏典を原始仏教研究の必要性から次々に現代語訳した。それが、一九五八年から一九八六年にかけて出版された次の岩波文庫である。この間にも、仏教の起源を尋ねるために中村が最も重視していた『スッタニパータ』を大幅に増訂して一九八四年に出しなおしている。

①『スッタニパータ』↓『ブッダのことば』(一九五八年。一九八四年に増訂)

③『ダンマ・パダ』と、④『ウダーナ・ヴァルガ』↓『ブッダの真理のことば・感興のことば』(一九七八年)

⑦『マハー・パリニッバーナ・スッタンタ』↓『ブッダ最後の旅』(一九八〇年)

⑤『テーラ・ガーター』↓『仏弟子の告白』(一九八二年)

⑥『テーリー・ガーター』↓『尼僧の告白』(一九八二年)

②『サンユッタ・ニカーヤⅠ』↓『ブッダ　神々との対話』(一九八六年)

②『サンユッタ・ニカーヤⅡ』↓『ブッダ　悪魔との対話』(一九八六年)

これらの現代語訳は、最初期の仏教のすがたを明らかにするための「原典批判的研究を最後のぎりぎりのところまで押し進め」た研究と並行して行なわれたものであり、それだけに注釈がずば抜けて充実している。しかも、いずれも、平易な言葉で翻訳されている。

日本では、お経、すなわち仏典と言うと難解なものの代名詞のように思われている。それは、日本特有の現象と言っても過言ではない。

釈尊は、マガダ語という方言（プラークリット）で教えを説いていたようだが、弟子たちから「ブッダの教えはサンスクリット語に翻訳して伝えた方がいいでしょうか？」と尋ねられたことがあった。サンスクリット語は、バラモン階級の権威主義的な言葉である。それに対して、釈尊は、「その必要はない。その地域で語られているめいめいの言葉で教えを説くように」と語ったという。だから、インドにおいて釈尊の教え（原始仏教）は、だれにでも理解できるものであった。

ところが、日本では、漢訳語の難解な言葉をそのまま使った。難解な漢字で表現されると、何か仰々《ぎょうぎょう》しい意味が込められているかのように錯覚してしまいかねない。それは、釈尊の原意を歪《ゆが》めることになる。従って、中村は、大和《やまと》言葉の日常的な言葉で表現することに努めた。

ところが、『ブッダのことば』が世に出ると、「ブッダ」という訳し方に対して非難が起きた。『お釈迦《しゃか》さま』と仰がれる存在を『仏陀』ならまだしも、『ブッダ』と片仮名書きにするとは何事だ！」というのである。片仮名書きにすることで、厳《おごそ》かさがなくなるというのであろう。ところが、「仏陀」という文字は、中国にとっての外来語buddhaの音を写した当て字であり、発音記号のようなものである。日本は、その当て字で表記された「仏陀」を長年使用してきた。それに対する愛着もあるかもしれない。しかし、この言葉自体が日本にとって二重の外来語であり、「ブッダ」と表記しても何も問題ないはずである。それは、clubを「クラブ」と表記するのと同じことである。一時期用いられていた「倶楽部」という当て字を使用しなければ、ありがたみが薄れるということもない。

中村は、原始仏典の翻訳において、漢訳語をほとんど使わず、常用漢字以外も使わないで、大和言葉で訳すことに努めている。インドでは、もともと口伝えに伝承されていたものであり、耳で聞いただけで理解できる訳にすることを心がけた。例えば、「寂静《じゃくじょう》」を「やすらぎ」「静けさ」としている。「寂静」はシャーンティ（śānti＜√śam＋-ti）を漢訳したものだが、シャム（√śam）は、「和らぐ」「静穏になる」という意味の動詞の語根で、これに名詞をつくる接尾辞 -ti を付けたものである。「和らぐこと」「静穏になること」という意味である。だから、「やすらぎ」「静けさ」で何の問題もない。現在、インドでシャーンティはピース（平和）の意味で用いられている。

このほか、「遊行《ゆぎょう》」と漢訳されたチャルヤー（caryā＜√car＋-yā）を「巡り歩き」と訳した。これは、「歩く」「さまよう」「徘徊《はいかい》する」という意味の動詞の語根チャル（√car）に女性名詞をつくる接尾辞 -yā を付したもので、「巡り歩き」で何の問題もない。

漢字は表意文字だから、私たちは、漢字の熟語を見ると、それぞれの漢字から全体の意味を読み取ろうとする癖がついている。ところが、「般若波羅蜜《はんにゃはらみつ》」という漢字を見ても、ここに用いられた漢字から全体の意味が読み取れない。そこで、ついわれわれの理解の及ばない呪術的《じゅじゅつてき》な意味でとらえてしまいがちである。ところが、これはパーリ語のパンニャー・パーラミター（paññā-pāramitā）の音に漢字の音を当てたものであった。これは、paññā（智慧《ちえ》）と pāramitā（完成）の複合語であり、「智慧の完成」といった意味である。

このように漢字だけを見ていると、インドの言語では、ごく普通の日常語にすぎないものであったにもかかわらず、特別の意味が込められているかのような錯覚をもたらしてしまいがちであることは否めない。中村は、そうした〝副産物〟を削《そ》ぎ落として、本来の意味を現代語訳に反映しようとした。

それに対して、「経典としての荘重さがない」との非難があった。ところが、原始仏典自体にそのような荘重さはもともとなかった。荘重さは、後代に付け加えられただけである。その原点に還そうとした中村は、何ら非難されるべきではなかったのである。

中村は、仏典を比較しつつこうした〝副産物〟を取り払って、神格化され、人間離れしたブッダではなく、歴史的人物としての「人間ブッダ」の実像をクローズアップし、そこに、「偉大な人間」の姿を見出《みいだ》している。こうして仏教の目指したものが、〝真の自己〟の探求であったこと、人間としての正しい生き方を明らかにすることであって、葬式などの儀式とは無縁であったことを明らかにした。そこには、インドの大地に立ち、インド人の暮らし、風土、自然を中村自身の目で確かめたことも反映されている。

中村は、原始仏教の研究の一応の集大成として、一九六九年から七二年にかけて、「中村元選集」(旧版)の『ゴータマ・ブッダ――釈尊の生涯』(一九六九年)、『原始仏教の成立』(一九六九年)、『原始仏教の思想　上』(一九七〇年)、『原始仏教の思想　下』(一九七一年)、『原始仏教の生活倫理』(一九七二年)を出版した。『原始仏教の成立』では、最初期の仏教を取り巻く思想状況と教団成立の経過をたどり、『原始仏教の思想』では、その思想の発展の複雑さを解明し、『原始仏教の生活倫理』では、いかに生きるかを説いた仏教を、現実の人生に即して検討している。

それは、中村が「原始仏教に関する概説書としては、わたくしのものが最も詳しいと思う」(『学問の開拓』、一三二頁)と、自負するほどの充実した内容であった。

「自己の探求」こそ仏教の本義

原始仏教についての中村の多くの研究成果の中から、筆者が注目していることを一つだけ挙げると、仏教の本義が「自己の探求」であったことを明らかにしたことだといえよう。

後に大幅に増補される決定版「中村元選集」の『原始仏教の思想Ⅰ』は、序編に四つの章、第一編に五つの章、第二編に六つの章、第三編に七つの章、合わせて二十二個の章があって、全体で九百八十七頁に及んでいる。そのうちの第二編第五章「自己の探求――無我説」というただ一つの章だけで全体の五分の一以上の約二百二十頁を占めていることを見れば、中村がいかに「自己の探求」を仏教の重要な思想の一つだと見ていたかをうかがい知ることができよう。

そうなると、「無我《むが》」ということと矛盾することになる。「無我」は、パーリ語のアナッタン(anattan)、サンスクリット語のアナートマン(anātman)の訳である。attan(我、自己)、あるいはātman(同)に否定を意味する接頭辞anが付いているので、「我が無い《が》」と訳されたのだ。

ところが、原始仏典の古い部分には、ウパニシャッドに説かれる形而上学的《けいじじょうがく》な「我」ではなく、「自己」という意味でアートマン(アッタン)という言葉が用いられていて、「自己を求めよ」「自己を護《まも》れ」「自己を愛せよ」と積極的にアートマン(自己)を肯定した発言がなされている。むしろ、「自己の実現」「自己の完成」を説いていて、「無我」、すなわち「アートマンは存在しない」といった表現は見当たらないことを明らかにしている。そして、原始仏典の古い部分では、

見よ、神々並びに世人は、非我《ひが》なるものを我と思いなし、〈名称と形態〉(個体)に執著《しゅうじゃく》している。「これこそ真理である」と考えている。(『ブッダのことば』、第七五六偈《げ》)

心をしっかりと確立し、専注し、よく安定させ、もろもろの形成されたものは、〔自己とは異なった〕他のものであると見なし、自己とは見なさないように反省せよ。

（『尼僧の告白』、第一七七偈）

といった文章が出てきて、「何かを自己とみなす」ことを否定する表現になっている。それは、「何かが自己なのではない」という意味であり、「無我」ではなく、「非我」（我にあらず）と訳すべきだとしている。それは、何かを自己とみなして、それに執著することや、自己に属さないものを自己に属するものと思いなして執著することを戒めた言葉であって、「自己」を否定したものではなかったのである。確かに鳩摩羅什訳『維摩経』においては、「非我」という訳が見られる（拙訳『梵漢和対照・現代語訳　維摩経』、二〇四、三九〇頁）。

こうしたことから、中村は、

戦場において百万人に勝つよりも、唯だ一つの自己に克《か》つ者こそ、じつに最上の勝利者である。

（『ブッダの真理のことば・感興のことば』、二四頁）

自己にうち克つことは、他の人々に勝つことよりもすぐれている。つねに行ないをつつしみ、自己をととのえている人、――このような人の克ち得た勝利を敗北に転ずることは、神も、ガンダルヴァ（天の伎楽神）も、悪魔も、梵天もなすことができない。

（同、二五頁）

自己こそ自分の主《あるじ》である。他人がどうして（自分の）主であろうか？　自己をよくととのえたならば、得難き主を得る。

（同、三二頁）

などの原始仏典の言葉を引用し、「喪失した自己の回復、自己が自己となること、これがすなわち初期仏教徒の実践の理想であった」（『原始仏教の思想Ⅰ』、五三八頁）と結論している。

また、『テーリー・ガーター』の第五一偈で、釈尊は、ジーヴァーという娘を亡くして泣き叫んでいるウッビリーという母親に、

母よ。そなたは、「ジーヴァーよ！」といって、林の中で叫ぶ。〈中略〉ジーヴァーという名の八万四千人の娘が、この火葬場で荼毘《だび》に付せられたが、それらのうちのだれを、そなたは悼《いた》むのか？

（『尼僧の告白』、一九頁）

と語りかけ、「〔汝《なんじ》の〕自己を知れ」（attānaṃ adhigaccha）と諭している。

ウッビリーは、自分の娘の死から八万四千人のジーヴァーの死へと視野が開かれ、今まで認めようとしなかった死という厳粛なる事実を直視するとともに、八万四千人のジーヴァーの母親の思いをも感じ取り、「自己」への眼も開かれたことであろう。

「自己との対決」の必要性

「無我」では、行為の主体を否定することになる。「非我」であれば、何かに執著した自己ではなく、あるべき自己を探求することが求められ、その自己に基づいて倫理的な実践が問われてくる。自己とは実体としてあるのではなく、人間が人間として生きるところに真の自己がある。そこに、自らの在り方、行為のいかんが問われ、自らをいかに磨くかが大事になる。そこに、思想的に自己と対決することも求められることになる。

思想というものは、自己とのかかわりを抜きにして語れるものではない。中村は、「思想や古典の内容を紹介することは、紹介する人自身の苦悩や、葛藤《かっとう》を経て理解されたものでなければ、その息吹《いぶき》も血の温《ぬく》もりも伝わってきません」と語っていた。

そのことを中村は、戦後数年にして叫んでいた。それは、一九四九年に毎日新聞社から三十六歳にして出版した『宗教における思索と実践』においてである。筆者が生まれる前の本であり、その本の存在も内容も知る由もなかったが、幸いなことに、その本が、二〇〇九年にサンガという出版社から六十年ぶりに復刊された（以下、この版から引用）。

それを手にして、戦争から三年半のなまなましい記憶のなか、深刻な反省を踏まえて執筆されたものだと分かった。

> 過去十数年の間に経験した日本民族の運命は、いまから思いおこすと、まるで悪魔にとりつかれて夢にうなされていたようなものであった。きらめく銃剣、わめく怒号、うなる爆音、もえたつ火炎――いまなおわれわれの耳になまなましく残り、くっきりと視覚によみがえる。

日本人はあまりにも権威に屈従し隷属する傾向が顕著であった。（一六八頁）

仏教は思想体系としては理解されていない。現在の日本においては、主として儀礼的呪術的な形態によって、主として感情的な面において、一般民衆と結びついているのであって、現在思想的指導性は極めて乏しいといわねばならぬ。（二一五頁）

幾多の既成宗教は、何らかの固定した教義を立て、何千年にわたる伝統的権威を笠に着て人間の自由な思索に対して圧迫的態度をとって来た。（三四頁）

こうした情況に対して、中村は「自己との対決」（三二頁）を通して仏教をとらえなおす必要性を訴えていた。

中村は、最晩年においても、在家の菩薩《ぼさつ》を主人公とする『維摩経』に関連して、日本仏教の現状に対して次のように問題提起していた。

現在の日本仏教の危機は、まじめに考え、まともに解決すべき問題を回避して、ごまかしているということである。（『大乗仏教の思想』、一九九頁）

大乗仏教が興起する以前の仏教においては、一般に、出家修行僧の生活のほうがすぐれたものであり、現実社会における世俗的生活のほうが劣ったものであると考えられていた。しかし実際にそうなのであろうか？〔中略〕世俗的生活における仏教の真実義の究明ということは、今後仏教が生きたものとして活動するか、あるいは仏教が死滅してしまうかの岐《わか》れ道に相当する。この時期に当たって、特に在家仏教の主張を明示する『維摩経』（ならびにその他の経典）の精神を解明することは、まさに仏教の真理をわれわれのうちに生かすことにほかならない。

（同、二〇〇頁）

二〇一二年十一月二十八日で、中村は生誕百周年を迎えた。わが国の現状を見る限り、六十五年前に中村が指摘していたことは、残念ながら今なお変わっていないと言わざるを得ない。改めて、「自己との対決」によって仏教を思想としてとらえることの必要性を痛感する。

話を元に戻すと、「自己との対決」という視点は、中村にとって、「真の自己」に目覚めることと、「無我」ではなく、「非我」であることと一貫したものであったのだ。これは、われわれの仏教についての認識をガラリと一変させる指摘であったと筆者は思っている。仏教は、坐《ざ》して瞑想《めいそう》にふけるだけの静的なものではなく、「真の自己」に目覚めていかに生きるかを説いたものであったのだ。

筆者は、『仏教、本当の教え』（中公新書）の第一章で「インド仏教の基本思想」を四点にまとめて書いたことがある。それは、かつて中村を訪ねてきたヴィシュヴァ・バーラティ大学（通称、タゴール大学）学長のバッタチャリヤ博士が、ラビンドラナート・タゴール（一八六一〜一九四一）が仏教に期待している理由として挙げた三項目、

①仏教は徹底して平等を説いた。
②仏教は迷信やドグマや占いなどを徹底して排除した。
③仏教は西洋的な倫理観を説かなかった。

この三つの項目に、筆者が追加した次の項目を合わせた四点である。

④仏教は法（真理の教え）と、真の自己に目覚めることを重視した。

あくなき探究

一九七二年に「中村元選集」（旧版）の中の原始仏教に関する五部作を完成させると、中村は、やり残していることがたくさんあるとして、「以上五巻でわたくしの原始仏教研究は、ひとまず打ち切った」（『学問の開拓』、一三二頁）と述べている。だからと言って、それで終わりであったのではない。それから約二十年経《た》ったころ決定版「中村元選集」が出版されると、原始仏教に関しては、五部作が八部作（『インドと西洋の思想交流』と『原始仏教から大乗仏教へ』も含めると十部作）となり、旧版と決定版の対応する巻を比べても頁数が大幅に増えている。内容としても新たな研究成果が追加されたりしている。

　旧版の『ゴータマ・ブッダ――釈尊の生涯』（一九六九年）の一巻は、決定版の『ゴータマ・ブッダⅠ』『ゴータマ・ブッダⅡ』（一九九二年）の二巻に増え、頁数も五百六十七頁から二巻で千三百三十三頁へと二・五倍に増えている。

旧版と決定版の両者を比較して、筆者が気付いた増補箇所の主なものをここに紹介しよう。

中村は、旧版（二三七頁）において、五人の修行者を相手とした初転法輪《しょてんぽうりん》の場面の描写として、『マッジマ・ニカーヤ』から次の一節を引用している。

わたくしは五人の修行者の群れにくっきりと理解させることができた。二人の修行者を教化するとき、三人の修行者は托鉢に行った。三人の修行者が托鉢に行って得た食をもって、われら六人の群れが生活した。また三人の修行者を教化するとき、二人の修行者は托鉢に行った。二人の修行者が托鉢に行って得た食をもって、われら六人が生活した。

（*Majjhima-Nikāya*, vol. I, p.173）

旧版では、このように五人の共同生活のもようを挙げるだけで、五人の出家者たちが到達した境地がゴータマと同じ表現で描かれていることのほうに注目している。そして、「ゴータマを含めて六人とも安らぎ（ニルヴァーナ）に到達したとされている。そこにはいかなる区別もない」と強調し、ゴータマを人間離れしたものに神格化した後世の描写を、歴史的真実をゆがめたものだと論じている。ところが、釈尊だけが托鉢《たくはつ》の当番からはずれている点については何も言及していない。

それから二十三年後の一九九二年に出版された決定版の『ゴータマ・ブッダＩ』（四八四〜四八八頁）を読むと、六人の到達した境地に全く区別はなかったとしていることは変わりないが、それに加えて、托鉢の当番の在り方からも六人に区別がなかったということが論じられている。これは、中村にとって旧版以後の新発見であったのであろう。

中村は、決定版において、まず『スッタニパータ』の次の一節を引用して、釈尊自身が托鉢を実行していたことを明らかにしている。

> あるとき師（ブッダ）は、サーヴァッティーのジェータ林、〈孤独な人々に食を給する長者〉の園におられた。そのとき師は朝のうちに内衣を着け、鉢と上衣とをたずさえて、托鉢のためにサーヴァッティーに入った。
>
> （『ブッダのことば』、三二一頁）

さらに、釈尊が、初転法輪の舞台である鹿野苑《ろくやおん》にあって、乞食《こつじき》を行なっていたし、他の比丘たちもそうであったと明記されている『根本説一切有部毘奈耶雑事《こんぽんせついっさいうぶびなやぞうじ》』（大正蔵、巻二四、三八〇頁下）の文章を注釈に挙げている。その上で、次の文章をパーリ文の『律蔵』から引用している。

> それから世尊は次の方法で食事してその他の修行僧に法に関する教えを説いて、教え、さとした。すなわちそれは、三人の修行僧が、食を求めて托鉢して得たものによって、六人の集いが生活するということであった。
>
> （*Vinaya*, Mahāvagga I, 6, 35. vol. I, p.13）

この文章では、托鉢の当番を三人と二人の場合に分けていない。ただ「三人の修行僧が……托鉢して」となっている。中村は、これを「六人のうち（ゴータマを含めて）三人ずつが托鉢した」と解すべきだと論じている。それは、『スッタニパータ』にもあったとおり、釈尊自身も五人と同様に托鉢の当番についていたということである。托鉢の当番を三人と二人に分けて、釈尊をはずした表現になっているのは、釈尊を特別扱いする神格化の跡だと、中村は論じている。

さらには、初転法輪の後、釈尊が故郷に帰った時のことが『ジャータカ序』に詳しく述べられている（*Jātaka*, vol. I, p.85）。釈尊が王を教化すると、順次に聖者の最初の境地、第二の境地、第三の境地、そして最高の境地である阿羅漢《あらかん》の位に到達した。「森林中に住んで精励する必要はなかったのである」と記されている。中村は、この箇所に関して、「ここには世俗の生活のままで究極の境地に達し得るという思想が表明されている」とも論じている（『ゴータマ・ブッダⅠ』、六六六頁）。

中村は、このように常に進化し続けている。留《とど》まるところを知らない。それは、「中村元選集」だけでなく、後に見る『佛教語大辞典』の場合もそうだ。一つの研究が一段落しても、すぐにまた次の段階への出発が開始される。一つのゴールは、次へのスタートでもあった。

中村は、原始仏典の現代語訳においてもその姿勢を貫こうとしていた。一九九七年、岩波文庫創刊七十年を記念して祝賀会が行なわれた。原始仏典の七冊をはじめとして『般若心経《はんにゃしんぎょう》・金剛般若《こんごうはんにゃ》経《きょう》』（紀野一義《きのかずよし》と共訳、一九六〇年）、『浄土三部経』上・下巻（紀野一義・早島鏡正《はやしまきょうしょう》と共訳、一九六三、一九六四年）と、岩波文庫を最も多く出しているのは中村だというので、祝賀会に招かれた。それけれども、体調が悪く参加できなかった。後日、中村はお詫《わ》びの挨拶《あいさつ》をしに岩波書店を訪ねた。その時、編集部長に「東方学院の受講者に文庫を差し上げたいが……」と相談した。「『ブッダのことば』なら数がそろう」ということで、中村の受講者全員に配付した。

中村は、「お借りしているこの会場（湯島聖堂の斯文《しぶん》会館）の都合で、講義に使用できないことがありましたので、そのお詫びにお配りします」と付け加えた。そして、「私がまだ息をしていたら、現代語訳の続きを出します」とも語った。けれども、残念ながらそれはかなわなかったようだ。

ジャイナ教の聖典から見た仏教

中村の原始仏教の研究における独創性は挙げればきりがないが、ここにもう一つ挙げておこう。決定版の『仏弟子の生涯』には、『テーラ・ガーター』『テーリー・ガーター』をはじめとする原始仏典の記述から、仏弟子たち三百人余の歴史的人物としての人間像がクローズアップされている。その一人として、シャーリプトラ（舎利弗《しゃりほつ》）の人物像がある。中村は、サンスクリット語だけでなく、アルダ・マーガディー語（半マガダ語）も自在に読み込むことができたことで、ジャイナ教側から見たシャーリプトラも紹介しながら描き上げている。すなわち、ジャイナ教の聖典である『聖仙のことば』（*Isibhāsiyāim*）には、いわゆる仏教は釈尊の教えとしてではなく、シャーリプトラの教えとして伝えられていて、釈尊のことは全く言及されていない。シャーリプトラのみが指導者として伝えられていることを紹介している。それだけ、シャーリプトラが前面に立って活躍していたのであろう。

仏教もインドの思想潮流の中で興ったのであり、中村は、仏教を他のインド思想と独立した無縁のものとしてではなく、それらとの連関にも注目して最初期の仏教を組み立てた。パーリ語やサンスクリット語の文献を自在に読み込み、ジャイナ教の文献からも仏教をとらえていたのである。

中村の独創性は、原始仏教に限ったことではない。原始仏教だけでなく、大乗仏教、ジャイナ教、ヒンドゥー教、さらには日本思想史、世界思想史までも果てしない分野を網羅している。それについては、本書の限られたページ数で紹介しきれるものではなく、筆者の能力をも遥《はる》かに超えていることであり、第十章に挙げる決定版「中村元選集」全四十巻を手にとって見ていただくしかない。

第六章　『佛教語大辞典』と「中村元選集」の刊行

一高時代にドイツ語担当のブルーノ・ペツォルトを通して学んだことは大きかった。わが国では、漢訳された仏教用語がそのまま用いられてきた。だから、難解さを免れない。ところが、仏教用語を外国語で表現するには、その言葉の意味内容を理解した上でなければ不可能なことだ。中村は、ペツォルトとのやり取りの中で、そのことに気づいた。『佛教語大辞典』編纂《へんさん》の動機は、このことにまで遡《さかのぼ》ることができるであろう。

中村が、原始仏典を翻訳する際に「平易」で「明確」であることを心がけていたのも、この時の体験が生かされていると言っていいであろう。

藁半紙に謄写版刷りで

ここに、『佛教語大辞典』編纂の経緯について見ておこう。

中村は、仏教語が一般の人にとって難しくて分かりにくいと言われるので、これをやさしく、分かりやすく表現するにはどうしたらいいか、適切な訳を考えてみたいと思った。まず、先人がどういう努力をしたか、その跡をたどることにした。一九四三年の助教授就任を機に、仏教語がどのように大和《やまと》言葉に置き換えられているかを調べ始めた。和語で仏典を解釈したような書物を平安時代以後、特に鎌倉《かまくら》時代以後のものについて研究室出身の人たちにあたってもらって、「佛教語に邦語で假名《かな》を振ってあるもの」「邦語で解釈してあるもの」を集めた。

特に鎌倉時代以後としたのは、

日本の仏教家は漢文でばかり書いていた。ところがある時期から和語を使うようになって、並行的に混ぜて使っています。それが道元、親鸞、日蓮の時代です。本式の裃《かみしも》を着た著作では漢文で、くだいて人に説くときは和語で書いているんです。これは明らかに転換なんです。

（中村元対談集Ⅳ『日本文化を語る』、五五頁）

と、フランス文学の前田陽一との対談で語っていることから、理解されよう。

戦時中のことであり、その作業は困難を極めた。戦後すぐに作業に取り組み、一九四七年に『佛教語邦訳辞典』が完成した。東大協同組合教材部刊で謄写版《とうしやばん》刷りの藁半紙《わらばんし》約五百頁といったものだった。戦後の紙事情の悪さがしのばれる。中村は、その「はしがき」に「佛教の思想を理解し、それを平易な邦語で表現するといふことは、今後佛教徒にとつては最も必要なことである」と、旧仮名遣いで記している。「分かりやすく語る」ことを生涯にわたって追求していた中村の学問への姿勢がここにうかがわれる。

『佛教語邦訳辞典』が出来上がったものの、「どうもまだ言葉が足りない」ということで、さらに広げようと、その一年後の一九四八年には、『佛教語大辞典』の編纂作業を開始している。「中村元選集」の旧版が完結してから十一年後には決定版の編集を開始したのと同様、留《とど》まるところを知らない前進の連続といえよう。

四万枚の原稿行方不明事件を乗り越えて

『佛教語大辞典』の原稿は、十九年かけて一九六七年に完成した。中村が、オーストリア学士院遠隔地会員に選ばれた年である。二百字詰め原稿用紙約四万枚に約三万語が収録されていた。その原稿を木製のリンゴ箱に入れて、出版社に渡した。ところが、その年の十二月初め、出版社がリンゴ箱に入れた原稿を紛失してしまった。出版社の社長が重病になり、間もなく亡くなった。そこへ、都の道路拡張のために移転命令が出た。移転騒動の混乱の中で原稿が行方不明になってしまったのだ。

古紙回収業者から製紙会社までのリサイクル関係者に探してもらったり、新聞やテレビなどのマスコミを通じて、「見つけたら届けてください」と懸賞金つきで呼びかけたが、出てこなかった。引っ越し騒ぎのドサクサの中であったためか、どうもゴミと間違えて出されてしまったようだ。

出版社の人が謝りに来たが、中村は怒らなかった。「怒ったって出てこないでしょう」というのだ。しかし、一カ月ほどは呆然《ぼうぜん》として何も手につかなかった。中村は、その時のことを振り返って、「まるで土足で顔を踏みつけられたような感じがしたのは確かである」と語った。そんな時に、原稿の整理を手伝った洛子夫人が「あなた、ボーッとしていてもしょうがないでしょう。やり直したらどうですか」と言った。

「早くやり直したほうがよい」と言った人がもう一人いる。中村敏夫だ。既に述べたことだが、中村元は、東方学院の講義の最中に、この中村敏夫の名前をしばしば挙げて、〝実力主義の人〟と評して紹介していた。中村元の話の断片からは、中村敏夫は一高時代以来の友人で、弁護士として、東方学院の設立の時にも法律面からのバックアップをした。その中村敏夫は『佛教語大辞典』の原稿が紛失した時には、夫人と一緒に大晦日《おおみそか》の日に駆けつけてきて、やり直すための費用として多額の私財を提供した——ということまでは、筆者は理解していた。

逆縁が転じて毎日出版文化賞受賞

原稿がなくなってからというもの、中村は、一カ月ほど呆然としていたが、洛子夫人や中村敏夫の言葉に励まされ、不死鳥のごとく一九六八年一月に作業を再開した。

中村は、『佛教語大辞典』の「あとがき」で、その作業について次のように八段階に分けて詳細に記している。


第一段階＝一九六八年一月から十数人の人に語彙《ごい》・解釈の募集を手伝ってもらうとともに、中村が原稿執筆を開始。

第二段階＝同年末に出来上がった原稿を五十音順に並べる作業を開始。

第三段階＝学園紛争が甚だしくなり、協同作業の場所がなくなって中断状態となり、中村の単独作業が続いた。

第四段階＝出版社の分室で土曜・日曜などに泊まり込みで原稿の整理・完成に従事した。

第五段階＝完成を急ぐあまり多くの人に加勢してもらったのはいいが、原稿にムラがあり、一貫した視点で独創的な意味を持たせるためにも、「他人の協力をあてにするという横着な態度」をやめて、一九六九年秋に集団作業を中止。中村が自分独りで原稿を書き続けることにした。

第六段階＝原稿を確定する仕事に取り掛かる。この第五と第六の段階に二年間を要している。
第七段階＝作業が出版社の手に移る。中村は、仏教語の採録に努め、増補の原稿を書き続ける。
第八段階＝校正の作業。

この間には学園紛争が勃発《ぼっぱつ》し、作業を行なう場所を転々と流浪した。原稿整理や、加筆のために自宅も使った。洛子夫人も原稿整理を手伝った。

こうして、一九七五年二月、作業再開から八年目にして『佛教語大辞典』が刊行された。『佛教語邦訳辞典』に着手してから数えると三十余年がかりの労作である。紛失した原稿では三万語であったが、四万五千語に増えていた。難解と思われてきた仏教用語の説明が平易な言葉でなされていて、分かりやすい。サンスクリット語、パーリ語、チベット語の原語も挙げて、巻末にはサンスクリット語、パーリ語、チベット語索引も備えているので、仏教用語の梵語《ぼんご》辞典、巴利《パーリ》語辞典、西蔵《チベット》語辞典としても活用することが可能である。

紛失した原稿は、二百字詰め原稿用紙で四万枚であったが、今度は約十万枚にも及んでいて、はるかに内容の充実したものになっていた。中村は、「やりなおしたおかげで、前のものよりもずっとよいものができました。逆縁が転じて順縁となりました」と言った。

中村は、この体験をはじめとする自らの人生を振り返り、順縁と思われたものが悪い結果につながり、逆縁と思われたものがよい結果を招くこともあり、仏教の説く順縁と逆縁は固定的なものではなく、変転するものだと語った。

原稿の行方不明事件をはじめとして、いろんなことがあったが、一九七五年十一月に、中村は『佛教語大辞典』で賞の中でも老舗《しにせ》中の老舗といわれる毎日出版文化賞の特別賞を受賞した。

泥棒騒ぎ

『佛教語大辞典』編纂のために、中村は時間の捻出《ねんしゅつ》に努めた。まず、長期の海外渡航は辞退し、東大以外での講義もやめ、学会での発表もひかえた。電車の乗り換えなどの時間が惜しくて、タクシーで帰宅して時間を節約した。

『佛教語大辞典』の作り直しに取り組んでいる頃（1969年、鎌倉にて）

中村が亡くなって一カ月経《た》ったころ、中村夫妻と旧知の仲である京都の本間《ほんま》量惠《かずえ》を案内して、筆者は洛子夫人を訪ねたことがあった。中村が『佛教語大辞典』を作成した時のことを筆者が尋ねると、洛子夫人は、「あのころ主人は、時間が惜しくてタクシーで帰っていました」と語った。大学と家の間を本を何冊も袋につめて両手に提《さ》げて往復していたという。中村が、「学者というのは、肉体労働なんです」と笑いながらよく話していたのを思い出した。

中村が本をたくさん両手に提げて帰ってくると、玄関が閉まっていた。重たい荷物を持って、カギが開くまで待っているのはつらかった。玄関は開けておいてくれと頼んだ。「泥棒が入ったらどうします」「泥棒が入ることよりも、僕が重たい荷物を抱えて待っていることのほうが、つらい」と言うので、カギを開けておくことになったという。

ところが、ある日、タクシーで帰宅して家の前に立つと、見知らぬ人が玄関から出てきて、さりげなく去っていった。泥棒だった。荒らされた部屋の現場検証に来た警察官に、中村は「ここから手前は私が散らかしました。向こう側は泥棒さんが散らかしました」と言った。人格者の中村が、泥棒を「さん」づけで呼んだので、警察官も笑顔になったと洛子夫人から聞いた。

洛子夫人は、立って隣の部屋に行くと、「泥棒は、この部屋に入ったんです」と語った。そこは、中村の書斎だった。さすがにインド哲学や仏教学の資料だらけの書斎からは、何も盗もうとは思わなかったのであろう。机には本が広げられ、床には書類等が並べられていた。亡くなられた時のままだという。

「中村元選集」で文化勲章受章

『佛教語大辞典』の完成から二年後の一九七七年には、「中村元選集」(旧版)全二十三巻の刊行が完結した。刊行開始が一九六一年で、完結したのは一九七七年なので、十六年がかりのことであった。『佛教語大辞典』の編纂作業は、一九六八年から一九七五年のことだから、何と「中村元選集」(旧版)の刊行の作業と同時進行で行なわれていたことになる。その二十三巻の内容は以下の通りである。

第一巻『東洋人の思惟方法1』、一九六一年、二百五十三頁
第二巻『東洋人の思惟方法2』、一九六一年、二百三十二頁
第三巻『東洋人の思惟方法3』、一九六二年、三百六十八頁
第四巻『東洋人の思惟方法4』、一九六二年、二百二十頁
第五巻『インド古代史　上』、一九六三年、六百三十一頁
第六巻『インド古代史　下』、一九六六年、五百六十七頁
第七巻『近世日本の批判的精神』、一九六五年、三百十二頁
第八巻『日本宗教の近代性』、一九六四年、二百六十頁
第九巻『東西文化の交流』、一九六五年、三百二十六頁
第一〇巻『インド思想の諸問題』、一九六七年、六百四十頁
第一一巻『ゴータマ・ブッダ――釈尊の生涯』（原始仏教Ⅰ）、一九六九年、五百六十七頁
第一二巻『原始仏教の成立』（原始仏教Ⅱ）、一九六九年、四百八十七頁
第一三巻『原始仏教の思想　上』（原始仏教Ⅲ）、一九七〇年、四百九十二頁
第一四巻『原始仏教の思想　下』（原始仏教Ⅳ）、一九七一年、五百二十七頁
第一五巻『原始仏教の生活倫理』（原始仏教Ⅴ）、一九七二年、五百三十一頁
第一六巻『インドとギリシアとの思想交流』、一九六八年、五百六十九頁
第一七巻『古代思想』（世界思想史Ⅰ）、一九七四年、五百六十六頁

第一八巻『普遍思想　上』（世界思想史Ⅱ）、一九七五年、四百七十一頁
第一九巻『普遍思想　下』（世界思想史Ⅲ）、一九七六年、四百七十頁
第二〇巻『中世思想　上』（世界思想史Ⅳ）、一九七六年、三百三十二頁
第二一巻『中世思想　下』（世界思想史Ⅴ）、一九七六年、三百十一頁
第二二巻『近代思想　上』（世界思想史Ⅵ）、一九七七年、二百八十二頁
第二三巻『近代思想　下』（世界思想史Ⅶ）、一九七七年、六百一頁

第一巻から第四巻までの『東洋人の思惟方法』と、第一一巻から第一五巻までの「原始仏教」五部作については既に論じた。

第五、六巻の『インド古代史』は、後世の人が加筆したり、削除したりすることのある文献よりも、改変されることのない考古学的、美術的遺物・遺品、特に碑文や古銭などに基づいて研究したもので、インダス文明からクシャーナ帝国まで、紀元前三〇〇〇年から後三世紀半ばまでの古代インドの生活と思想と、そこに展開されたバラモン教をはじめ、原始仏教の誕生から大乗仏教の興起までの歴史的変遷を明らかにしている。

第七巻の『近世日本の批判的精神』では、江戸時代初期の鈴木正三《すずきしょうさん》（一五七九〜一六五五）と、中期の富永仲基《とみながなかもと》（一七一五〜一七四六）の二人の生涯と著作を通して近代性、すなわち批判的精神を浮き彫りにしている。第八巻の『日本宗教の近代性』は、明治維新に至るまでの長い間、封建制度が続いた日本において、近代的精神が内発的に発生したことはなかったのかという問いのもとに、徳川時代に既に種々の近代的思惟《しい》の特徴の萌芽《ほうが》が見られたことを浮き彫りにしている。

第一七巻から第二三巻の「世界思想史」七部作は、中村が、かねてから思想史を「人類の思想史」として同一の視点で一貫して扱う必要があると考えていたことに、果敢に取り組んだものである。これまでの思想史は、多くの執筆者がばらばらに書いたものを寄せ集めたもので、ちぐはぐになっていることは否めなかった。中村は、セクショナリズムを超えて、『古代思想』『普遍思想』上下、『中世思想』上下、『近代思想』上下からなる「世界思想史」七部作を独りでまとめた。『東洋人の思惟方法』の場合もそうであったが、この時も、「なんでこんな題の本を書くんだ。中村は狂ったのではないか」とセクショナリズムに固執する〝専門家〟たちから非難された。

けれども、この「中村元選集」（旧版）全二十三巻の完結に対して一九七七年に文化勲章が授与された。文系の学者としては、六十四歳という異例の若さであった。中村に対する評価は、世界的に高まるばかりで、既に一九六七年にオーストリア学士院遠隔地会員に選ばれていたが、一九七八年にはオーストリアに続き、イギリス王立アジア協会の名誉会員にも選ばれた。さらに、一九八二年にドイツ学士院客員会員に就任している。

ところが、肝心のお膝元《ひざもと》、日本ではどうかというと、日本学士院会員に就任したのは一九八四年のことであった。オーストリア学士院遠隔地会員から十七年後、文化勲章受章から七年後、イギリス王立アジア協会名誉会員から六年後、ドイツ学士院客員会員から二年後という遅さであった。どうしてそんなに遅かったのか？　だれもが不思議に思われるに違いない。中村が亡くなった後、その理由をうかがう機会があった。中村が、文化勲章を受章した時、当時の日本学士院会員の一人が、「おれの目の黒いうちは、中村を学士院に入れない」と豪語していたというのだ。その方は、僧侶《そうりょ》であったという。煩悩というものは、なかなか抜けきれないもののようだ。

一九九六年に、ベルギー国王夫妻が天皇皇后両陛下に案内されて栃木《とちぎ》県の足利《あしかが》学校を訪問された折、天皇陛下が中村を「日本学士院の会員です」と紹介された時、中村は即座に「オーストリア学士院遠隔地会員、イギリス王立アジア協会名誉会員、ドイツ学士院客員会員、国際哲学会（パリ）称号会員でもあります」と追加して自己紹介したことを思い出す。

足利学校で天皇皇后両陛下、ベルギー国王夫妻を中村がお迎えしたのは、一九九四年に、世界最古の大学ともいえる足利学校の第二十四代庠主《しょうしゅ》（校長）に就任していたからである。その詳細は、第九章で触れることにする。

第七章　「比較思想」の提唱

インド学、仏教学はエジプト学か？

中村は、一九七三年に三十年間勤めた東京大学を定年退官した。退官を前に「インド思想文化への視角」と題する最終講義を行なった。その時、中村は「インド学、仏教学はエジプト学か？」という問題を提起した。西洋における古代エジプト文明の研究が、共感も親近感もないまま、「死滅した文明」「過去の遺物」としてなされていることを引き合いにして、古代インド文明を研究する態度もそれと大差なく、「過去の残滓《ざんし》」にすぎないものとみなしていて、やがて西洋文明や西洋の宗教に取って代わられるものと考えていることを批判した。中村は、そこに西洋のアジア蔑視《べっし》を見ていた。インドの文明は、すべてとは言わなくても、現在も人々の生活の中に生きているのであり、そのような態度は、改められるべきだと論じた。

中村は、西洋の思想・宗教が唯一のものではなく、人類の思想の流れの一つにすぎず、そのほかにもインドや中国などの思想・宗教もあり、それぞれの思想が互いに交流し、普遍的思想を探究しなければならないと考えていた。そのために必要とされる方法が、〝比較〟ということであった。普遍的思想の探究は、異なる思想と対決して自分で考えることなしにはありえない。中村は、「わが説は真理であり、他の説は虚妄である」という偏見や先入観を捨てて、互いに反省し、語り合うことが必要であり、比較思想こそが、その期待に応《こた》えるものだと主張した。

中村が、「中村元選集」（旧版）でインド人・中国人・チベット人・日本人についての『東洋人の思惟《しい》方法』四部作や、「世界思想史」七部作をまとめたのも、その〝比較〟という手法によるものであった。

中村の言葉によると、『東洋人の思惟方法』は、「空間的・風土的に、特に東洋諸民族の思惟の特性を明らかにしようと試みたもの」であり、「東洋人の思惟方法を顧慮することは、西洋の哲学思想に対しても『批判的』となり得ること」であった。また、「世界思想史」七部作は、「時間的・歴史的に（つまり発展段階ごとに）世界の諸思想潮流の思想の特性を解明することによって、人類の思想史全体の見通しを立てようとしたもの」であった。そこにおいて中村は、世界の諸思想の潮流が「古代思想」「普遍思想」「中世思想」「近代思想」という共通したプロセスを経て展開していることを浮き彫りにしている。

比較思想学会の設立

実は、中村は一九六〇年に既に『比較思想論』を岩波全書として出版していた。中村は、そこにおいて日本の大学では全く考慮されることのなかった比較哲学、あるいは比較思想の研究が海外でどのように行なわれてきたかを詳細に紹介するとともに、自らの比較思想についての考えを披瀝《ひれき》し、比較思想の重要性を訴えている。比較思想という言葉は、中村が初めて用いたものであった。

出版社の中には、「そんな本は売れない」と出版を危惧《きぐ》する意見もあったが、出版されてみると結構、売れ行きはよかったといえよう。筆者の所有するその本は一九七二年に出版されたもので、第十刷となっているのを見ても、それが分かる。その後も版を重ねた。

それは中国でも注目され、一九八七年に上海《しゃんはい》市社会科学院哲学研究所の呉震により中国語訳され、浙江《せっこう》人民出版社から出版された。その序文に中村は、「現代の世界においては種々異質的な思想が対立し、互いに交渉をなし、相互に批判を下しながら新しい思想を形成しつつある。このような状況のうちに生きている我々としては、おのずから自分の思想を異質的な思想と比較せねばならないという運命を痛感する」と記した。

中村を支援していた金沢の医師で松尾《まつお》宝作《ほうさく》（一九〇一～一九八五）という医学博士がこの比較思想ということに大変に熱心で、「ひとつ集まって評議しようじゃないか」ということになった。中村が定年退官した一九七三年の末に、中村と松尾をはじめとして、東大教授の田丸徳善《たまるのりよし》（宗教学）と末木《すえき》剛博《たけひろ》（哲学）、大正大学教授の梶芳光運《かじよしこううん》（仏教学）、早稲田大学教授の峰島旭雄《みねしまひでお》（哲学）、國學院大學助教授（いずれも当時）の三枝充悳《さいぐさみつよし》（仏教学）ら十人ほどの賛同者が集まり、その翌年の一九七四年に中村にとって念願とも言うべき比較思想学会が設立された。事務局を大正大学におき、会長には中村が推されて十年間その任に就いた。この学会が、在野の研究者の提唱で始まっているということは、注目すべきことである。偏狭なアカデミズムを最も嫌っていた中村に最もふさわしいことと言えよう。

中村は、その十年間だけではなく会長退任後も、自らを〝一番槍《いちばんやり》〟と称し、名誉会長として学会活動の矢面に立って比較思想の重要性を訴え続けた。初めは少人数で発足したが、中村が気付いた時は、五百七十六人が会員となっていた。現在は、六百人を超す会員を擁している。

西洋では、フィロソフィー（philosophy）という言葉で人生観とか、根本思想というものまでも含んでいるが、わが国で「哲学」というと、「学」という文字がついていることから、難解なもの、衒学的《げんがくてき》なものと受け取られがちで、人生の問題を根本的に考えることから遠く離れてしまい、意味を狭く限定してしまうおそれがある。従って、学会の名前は、西洋で用いられているコンパラティヴ・フィロソフィー（comparative philosophy）の直訳「比較哲学」を避けて、「比較思想」という表現を用いて、「比較思想学会」とした。会員の資格は、セクショナリズムを排し、学問の分野を超えてアカデミズムの外で活動する在野の研究者にも門戸が開かれた。

世界平和を実現する手がかりに

筆者は、中村に「比較思想の目指すところは何でしょうか？」と尋ねたことがあった。中村は、即座に「世界平和を実現する手がかりを提供すること」だと答えた。

中村は、『比較思想論』においても、

いまや機械文明の極度の発展の結果として、物質的方面においては世界は一つになってしまった。〔中略〕ところが精神的方面においては世界は決して一つになっていない。諸国が互いに疑心暗鬼の状態で、イデオロギーを対立せしめ、窮屈なかきを設けている。どうにも動きのとれないこの窮境《きゅうきょう》を打破することこそ思想家の任務ではないか。〔中略〕人類一般の平和と幸福という目的を達成するためには、世界諸民族の間の相互の理解を促進しなければならぬ。

（二一三頁）

と論じて、比較思想論の「研究の重要な一つの仕事として東と西における諸哲学の発展の比較研究」（同、二二四頁）を挙げている。

また、比較思想学会の第五回大会でも次のように語りかけた。

狭い地球の上で人間の生活圏が一つになりつつあるのに、異なった価値観や人生観が互いに対立し矛盾し抗争し合っているという状況において、学者は何らの解決を与ええないのみか、与えようと努めもしないではないか？　こういう迫りくる現実の事実に対して目をつむってなされている「研究」なるものが、今後の世界において学問としての意義をもち得るであろうか？

（『比較思想の軌跡』、三五頁）

中村は、比較思想学会の大会や、新聞、学術誌、雑誌などを通じて、比較思想の重要性や、その研究を妨げる問題点を指摘した。それらをまとめたものが、『比較思想の軌跡』（一九九三年）である。それは、『比較思想論』とともに、中村の比較思想についての立場を最もよく知ることのできる書となっている。「植木雅俊様　大手町教室にて　中村元」とサインしていただいたその書を改めて読み返して、比較思想によって世界平和を願う中村の思いを痛感した。

普遍的思想史の夢

中村は、『比較思想論』の中の「普遍的思想史の夢」の項で、「人類一般の平和と幸福という目的を達成するためには、世界諸民族の間の相互の理解を促進しなければならぬ」（二二三頁）として、その実現のために、比較思想研究をさらに発展させて、普遍的思想史をまとめる必要があると強調した。

その思想史をまとめるに当たっての心得を中村は、『比較思想論』の二四二頁から二四八頁に列挙している。

まず第一に、古典を引用する場合には、原則として自分で翻訳してなすべきで、必要な場合にのみ、原文を引用するべきであるとしている。それは、翻訳することで異質な考え方に照らすことになり、一つの文化・思想圏において自明のものとして承認されていた観念が、他の文化・思想圏においては不明確で、曖昧模糊《あいまいもこ》たるものにすぎぬというような事実が露呈したりする。このような反省を通じてこそ、古い観念が捨てられて、新しい明確な観念がつくり出されることがあるからだ。

第二に、従来の哲学史、思想史の類《たぐ》いには、個々の思想家の生涯、伝記をかなり詳しく述べているが、その人の思想的特徴との間に因果関係がないものは全部削除しても差し支えないだろうとしている。

第三に、学派や師弟関係・友人関係の論究も省略しても差し支えない。それは、思想そのものではないからだ。

第四に、思想そのものを問題とする場合には、真作か偽作かということは大して問題とならないとしている。この点に関しては、コロンビア大学でプラグマティズムのジョン・デューイのもとで博士号を取得して清華大学、北京大学などの教授を歴任した馮友蘭《ふうゆうらん》の次の所説を引用している。

もしただ哲学研究の立場より見れば、吾人《ごじん》は単に某書に説かれた論説自身が過《あやま》りでないかどうかに重点を置く。この論説が果して何人《なんぴと》の説くものであるか、果して何時代のものかは、重要な関係はない。某書が偽書であっても、根本において価値があるならば、決して偽書だからといって、価値を失うことはない。また真実であっても、根本において価値がないならば、決して真書だからといって、価値を有することはない。（柿村峻訳『支那古代哲学史』、三三二頁）

第五に、年代は思想そのものとは無関係であるので、思想の歴史的社会的意義を問題にする時以外は、年代は省略しても差し支えないとしている。

第六に、これまで広範な思想史は、多くの権威ある学者によって分担執筆されてきた。それによって、欠点のない揚げ足をとられるおそれのないものができるかもしれないが、思想的一貫性はなくなる。思想的一貫性を持たせるためには、一人の著者が全体を一貫して執筆し、他の諸学者に補正を仰ぐというやり方をとらねばならないとしている。

以上の六点は、中村自身が「世界思想史」七部作をまとめるに当たって自らに課していたものであろう。それとともに、「普遍的思想史の夢」を将来の「意図を共にする学徒」に託して、訴えかけたものであろう。

比較思想への風当たり

比較思想の研究の対象は、人間の生き方、考え、振る舞いなどにまつわるすべてのことにわたる。ということは、セクショナリズムに凝り固まり、細分化された分野に自らを限定して研究する学者たちにとっては、自分たちの専門分野を荒らす由々《ゆゆ》しきものと思えたことであろう。従って、中村に対する風当たりは、甚だしいものがあった。中村自身、一九九〇年に東大で開かれた比較思想学会第十七回大会で「なぜ奴隷の学問か」と題して特別講演を行ない、その一端を吐露《とろ》している。それは、定年退官後十七年目のことであった。その講演は、『比較思想の軌跡』の五四四頁から五六三頁に収録されている。その中に次の一節がある。

比較思想という試みに敵意をもって対立していた人々が、昔の東大の教授に非常に多かった。〔中略〕わたくしは東大の現役教授や学生諸君や先輩にたいして、絶対必要の場合でなければ「比較思想学会」のことを口にしなかった。〔中略〕なぜ嫌われたのか？　東大ではそのころ学科が細かに分かれてセクショナリズムをとっていたからである。

（『比較思想の軌跡』、五五八頁）

中村は、その講演で東大教授であったころのことを振り返って語った。「諸々の専攻課程の障壁をなくしようという動きが高まって、わたくしは押されて文学部長となった」（同、五六〇頁）、「東大文学部の文学部長の職にあり、学制改革に微力を尽くした。しかし理想は実現されなかった」（同、五四七頁）。

ここには、語られていないが、セクショナリズムの学者たちから相当の抵抗を受けたであろうことや、その時、中村が味わったであろう無念の思いが推測される。

中村は、自分の卒業した大学について、「東京帝国大学文学部印度哲学梵文学科」と書いて、

「学」という字が四つも出てくると語ったことがあった。英語やドイツ語に訳すと「学」という語は一回も出てこない。「学」という文字をやたらと使ったところに、「明治の一部の官僚的知識人の、一般民衆を見下した権威至上主義的な態度」（同、四〇頁）が認められると語っていた。

学問のセクショナリズム批判

その東大で行なわれた大会の講演で中村は、改めて学問のセクショナリズムの批判を展開した。戦後、連合軍総司令部（ＧＨＱ）によって旧制大学が廃止された。けれども、中村は「制度は変革されたが、研究内容に立ち入ってまでの変革は命令されなかったから、学問研究の内容は一向に変わっていない」（同、五四五頁）と言った。明治以後の大学制度では専門領域を細かく分けて、それぞれの分野で西洋に追いつくことを目指して邁進《まいしん》してきた。

中村の言うように、日本の大学や学会における学問の細分化は、外国の思想を輸入するためには便利である。しかし、独創的な思索は出てこないという弱点がある。中村は、それを「鸚鵡《おうむ》の学問」と呼んだ。学問が細分化された結果、どうなったか？　中村は、カント哲学を例として、

カントの『純粋理性批判』は哲学科で講義され、『実践理性批判』は倫理学科で講義され、『判断力批判』は美学科で講義される。それはカントの生体解剖《かいぼう》である。そうすると、カント哲学そのものはどこでも研究されていないということになってしまう。

（同、五四七頁）

と論じた。中村は、第五回大会でも、

日本の哲学的な諸学問の大きな欠陥は、人間の生きること、人間の思考・感情の諸様相の生きた体系を、そのものとしてとらえようとせず、細分化してしまって、人間そのものを見失っているいることである。いわば生体解剖をした死体の局部局部を研究しているようなものである。

（同、三八頁）

と批判していた。

中村は、大学のセクショナリズムについても次のような苦言を呈している。

「今の大学はあまりにもセクショナリズムで固まっていると思うんです。もっと違った分野の人が協力する、あるいは自分で興味が起これば他のほうを勉強してもいいというように風通しをよくする必要があります。今の大学はあまりにも窮屈で、制度化されすぎていて、これでは自由な新しい学問は育ちません」

このセクショナリズム、すなわち細分化された専門別の偏狭な縄張り意識のために、大学では、「人間」を全《まった》きものとして把握し、研究することができないのが実情である。いわば学問の自由が、さまざまな形で制約されている。

大学とは何のためにあるのか――中村の心に大きく芽生えた疑問であった。「無力だからといって、黙っているわけにはいかない。それぞれの持ち分をもって活動すべきではないか」と、中村は訴えた。それが、東方研究会・東方学院の設立へと展開し、比較思想学会の理念ともなっている。

身分は自由でも奴隷的思考に

中村は、日本の多くの哲学研究者たちのことを「西洋の哲学者たちの鸚鵡」と呼んだだけでなく、「西洋哲学者の奴隷」となる傾向があると批判した。その奴隷というのも、ギリシアのエピクテートス（五五〜一三五）や、前五世紀ごろのインドの自由思想家の一人と比較して、日本の哲学者たちを次のように痛烈に批判している。

　エピクテートス（Epichtētos）はもと奴隷であったが、自由な思索者としてストア哲学の独自の思想を展開した。ゴーサーラ（Gosāla）は、奴隷であったが、主人のもとから逃げ出したときに衣を奪われ、それ以後、裸でとおしたというが、かれは独自の運命論・必然論を説いていた。かれは奴隷であっても自由な思索を展開した。ところが日本の哲学者たちは、身分は自由であっても、奴隷的思考に明け暮れしていたのではないか。

（同、五五一頁）

　これ自体が、立派な比較思想を踏まえた批判である。ただし、これは講演であったためか、「ゴーサーラ（Gosāla）」は「プーラナ・カッサパ（Pūraṇa Kassapa）」の、「運命論・必然論」は「道徳否定論」の勘違いである。

　こうした奴隷的な研究姿勢からは、自分の言葉で、自分で考えるということは身につかず、独創性は望めるはずもない。中村は、西洋の思想家と比較して次のように論じた。

　日本の思想に関する学問の区分けというものは、向こうのものを敏速に取り入れるには便利にできている。しかし、自分で考えるということには不向きにできている。西洋の偉大な思想家を見てごらんなさい。みんな認識論もやり、論理学者でもあり、美学者、宗教学者でもあるということで、そこで独創的になる。（同、四六一頁）

確かに、わが国では、「昔から人が伝えてきたもの」、あるいは「西欧の国々においてあらたに思想として歓迎されているもの」を伝えることが主眼であって、中村の言うように、その思想と「対決する気魄がなかったのではないか」（同、一三頁）。

また中村は、「いままでの大学の哲学的な学問のあり方も、昔の伝統、殊に古典を尊いものと思ってそれを解説・注解することに終始していた」（中村元対談集『光は東方から』、五二頁）として、「批判するとか、自分のものとして考えてみるということがあまりなされなかった」（同、五二頁）と論じて、「多くの思想研究が解説的訓詁的であって、思想の生きた意義を考慮しない〔中略〕思想的研究なるものがいかに多く行われていても、『いかに生きるべきか？』ということを教えてくれないならば、それは無力である」（『比較思想の軌跡』、三一頁）と断じた。

筆者は、一九六八年にファントム戦闘機が大学の構内に墜落炎上したことで、学生運動に火がついた渦中の九州大学に一九七〇年に入学した。学生運動家から詰め寄られ、受験勉強で丸覚えしたことで答えたら、「だから何なんだ？」と言われて、何も答えられなかった。自分の知識はただ丸暗記しているだけで、何も理解していなければ、何も納得していないことを痛感した。あらゆる知識や言葉の意味が崩壊した思いだった。

その思いでいろいろと本を読み漁《あさ》っても、「だから何なんだろう？」という疑問がつきまとった。

多くの仏教の解説書も読んだが、仏教用語を別の言葉に置き換えただけのものが多く、やはり「だから何なんだろう？」という思いが抜けなかった。仏教用語は、初めから存在したのではない。釈尊が自らの覚《さと》りを何とか分かってもらいたくて、五人の比丘《びく》を相手にすれ違いや、試行錯誤を繰り返した末に、その言葉に結実したものであろう。まず、釈尊の覚った〝ある思い〟があって、それを表現しようとして、その言葉に結晶化したはずである。

ところが、釈尊が亡くなり、時の経過とともにその〝ある思い〟は見失われ、言葉のみが残った。その言葉を、覚えたり、解釈したり、別の言葉に置き換えて説明したりすることがなされている。しかし、その言葉は初めからあったのではなく、〝ある思い〟のほうが先にあって、それを伝えたくてその言葉に託したのである。そこで、大事なことは、なぜその言葉を使わなければならなかったのか、その言葉を用いることで何が明らかになるのか、何がすごいのか、この私にとって何の意味があるのか――それが明らかにならない限り本当に分かったことにはならないのではないか。ここに自己との対決が問われる。ところが、筆者のその疑問に答えてくれる本は、少なかった。学生時代に、その疑問に答えてくれた数少ない本が中村の著書であった。

比較することの必要性

自分で考えることにおいては、比較ということが大事になってくる。比較によって、異同が見えてくる。異なる場合は、何が、どのように違うのか、なぜ違いが生じたのか、逆に類似している場合は、なぜ類似することになったのか、微妙な違いは両者の思想・文化のいかなることに起因しているのかといったことに考察が発展することであろう。自分にとって、どのような意味を持つのかも問われよう。

評価し批判するということになると、途端に比較を必要とする。「一定の条件なり環境に対して、各人が、あるいはそれぞれの人間の集団が、異なった反応を示す場合に、その差異を解明するためには、比較が必要となってくる」（同、三四頁）。

中村は、「海外における思惟方法あるいは研究方法に対する無批判的な服従」「盲信」を破壊する最初の手がかりとしても「比較」を重視した。

比較する際には、突飛だと思われる問題設定もあるかもしれない。しかし、中村は次のように言った。


実は突飛だと思われるところに問題を発掘することによって、既成の権威づけられた思想体系を破壊して、新しい思惟の芽を育てることになる。いわゆる権威づけられた哲学思想研究なるものは、いずれか一つの伝統に準拠して、それを絶対視するところに始まる。〔中略〕伝統的思惟に対する疑いがない。

（同、三七頁）


そのような既成の権威付けられた伝統的思惟の中では、新たな見解、突飛に見える発想は、頭ごなしに否定されてしまう。中村は、わが国のこうした実情を、欧米で高く評価されていたウィトゲンシュタインを例に挙げて、次のように語っている。

ウィトゲンシュタインの書いたもの、あれはケンブリッジ大学へ出して博士の学位をもらった。

そして感心だというのでケンブリッジのプロフェッサーに任命された。日本ではどうであろうか。あの論文をどこかの大学の文学部へでも出してごらんなさい。狂ったのかと思われる。絶対に日本の学界では認めてもらえない。欧米であんなに盛んにもてはやされるものだから、このごろ日本の哲学界でも恐る恐る後についてやっているということだろう。（同、八七頁）

中村による比較思想の具体例

中村は、東方学院の講義においても、仏教について語りながら、西洋の思想と比較することがしばしばであった。仏教が、「無我」ではなく「非我」を説いて、真の自己に目覚めることを強調していたことを論じた時のことだ。「身のほどを知れ」という功利主義的で世俗的な意味で用いられていた「汝自身《なんじ》を知れ」という有名な言葉を、ソクラテスは哲学的で倫理的に深い意味を持つものに改めたが、ゴータマ・ブッダは自己（アートマン）の探求を、ウパニシャッドの「梵我一如《ぼんがいちによ》」という形而上学《けいじじょうがく》的な意味から、倫理的で実践的な意味に改めたと語った。そして、「自己を知れ」ということは、原始仏典に繰り返し説かれているとも付け加えた。それは、第五章に挙げた通りである。

ここには、洋の東西を超えて、人間にとっての普遍的思想をクローズアップしようとする比較思想論的視点がうかがわれる。中村は、仏教の思想を異なる思想と比較し、自らの生き方を通して思想的に対決して、その意義を自分で考えることの必要性を訴えていた。

「自己を知る」といっても、「身のほどを知れ」では、階位的差別の中に自らを位置づけることになってしまう。形而上学的な意味であれば、そこに普遍的視点はあったとしても現実離れしたものになってしまう。ソクラテスやゴータマ・ブッダは、ありのままの自己を見つめてあらゆる人間関係の中でいかに振る舞うかという視点に立っている。ブッダの場合は、自己を見すえて、不殺生《ふせっしょう》、報恩、特に他のだれも説かなかった慈悲といった崇高な在り方を説いた。このように、比較することによって、それぞれの違いが見えてくる。これが、中村の言う、比較思想の大切な点であろう。

中村は、比較思想学会の第五回大会での講演を次の言葉で締めくくった。

比較思想の研究が手がかりとなって、自分で考え、自分のことばで表現した新しい哲学の出現を切に期待する次第である。

（同、四一頁）

第八章　東方研究会・東方学院にかける理想

東方研究会の設立

東方研究会を中村が創《つく》ることになるきっかけは、一九三六年にまで遡《さかのぼ》る。その時、中村は大学院生であった。そのころ、八歳年上の先輩が自殺した。その人は、有能な研究者であったにもかかわらず無職だった。「先生たちがもう少し面倒を見てくれていたら……」と、中村は悲しんだ。そして、「研究者が物心両面にわたって助け合えるような集まりを」という考えを持つようになった。

人文科学の研究成果は、一般においても、学界においてもなかなか認められない。自然科学であれば、数値化された実験の結果によってその研究成果が客観的に評価される。ところが、人文科学の分野においては、客観的な基準などといったものはなく、〝エラーイ〟先生が、「これは駄目だ」と決め付けると、だれからも見向きもされないという変な傾向がある。後になって評価されたとしても、その時、その研究者は既にこの世の人ではなくなってしまっていることもある。人文科学の研究者は、なかなか日の目を見ることはなく、長い苦難の道が待ち受けている。

こうした実情を見るにつけ、中村は「研究者は、学問で苦労するべきであって、学問と関係のないことで苦労するのはおかしい」と語っていた。

だから、大学院を修了しても就職先の決まらない人たちを、研究員として受け入れ、就職が決まるまで面倒を見るということを構想した。それが、東方研究会として結実するのである。

東方研究会創設三十周年を迎えて

筆者が、東方学院で中村の講義に参加している時、その東方研究会が創設三十周年という佳節《かせつ》を迎えた。その祝賀会を兼ねて、盛大な新春会が一九九七年三月に東京・千代田区のインド大使館と、その隣にかつてあったフェアモント・ホテルで開催された。

中外日報社長（当時）の本間《ほんま》昭之助《しょうのすけ》から東方学院の創設三十周年を祝する原稿を依頼され、筆者は、四百字詰め原稿用紙で十二枚ほどの文章をしたためた。掲載されたのを見ると、例外扱いで特大の社説（一九九七年三月二十二日付）として、複数頁にまたがっていた。中村と旧知の仲であった本間の指示でそうなったという。そして、三十周年記念新春会の会場で配布された。

その社説「東方研究会創設三十周年を祝す」に東方研究会・東方学院について詳細に記していたので、その文章に加筆補正したものを以下に再録しよう。

◇　　◇

研究会設立の動機

中村元が主宰する財団法人・東方研究会が一九九七年で三十周年を迎えた。政府の援助を一切受けることなく、学問の自由を掲げて、自立した研究機関としての在り方を追求してきた同研究会の存在は、学問と教育の本来の在り方を考える上での模範として、大きな希望を持たせてくれるものであり、大いに注目されている。同研究会のますますの発展が期待される。

東方研究会の名前は、一九六七年末に『佛教語大辞典』の原稿が行方不明になったことで、翌年の年頭に『大辞典』編纂《へんさん》のやり直しのために資料収集と原稿整理などの目的で集まったグループを仮にそのように称していたことに由来する。それが発展的に、「東洋思想の研究、およびその成果の普及」を目的とする財団法人としての認可を受け、本格的な活動が始まったのが、その三年後の一九七〇年十一月十二日のことであった。

その当時、中村の奉職する東大は学園紛争の嵐の真っただ中にあった。教師も学生も自分の研究室にすら入れない状況だった。

中村は、「あの紛争から日本が得たものが何かあったでしょうか。ただ、破壊を行なっただけではないでしょうか。大学から研究も教育もどこかへ行ってしまい、暴力学生は放置され、あとには荒廃が残っただけでした」と、述懐している。

こうしたことから、中村は、研究施設を大学外に置くべきだと考えるに至った。これも東方研究会を設立した大きな動機であった。

中村は、「学問の門戸を広げて自由な学問を目指し、学界のセクショナリズムを踏み砕いて、新しい学問を創造したい」「大学に三十年お世話になったおかげで、大学の組織の成り立ちなどについてもいくらか知っている。このままではいけない。改革する必要があると考えたけれども、制度を改革することは容易にできることではない。それよりも、まず自分にできることをやろうと思ったのが始まり」だと語った。

研究会設立に当たっては、中村敏夫ら一高時代からの友人たちが奔走してくれた。彼らは、大蔵省（現、財務省）、文部省（現、文部科学省）などの次官、局長級などの官僚や、大企業の会長、社長、重役、銀行の頭取、外交官となっていて、東方学院に対して経済的な援助を惜しまなかった。財団法人の理事、評議員等も彼らが買って出て就いてくれた。弁護士の中村敏夫が法律的問題にも対応した。

校舎なき総合大学としての〝寺子屋〟

その東方研究会の活動の一環として、東方学院がある。一九六〇年代後半に始まった大学紛争は七〇年代初めまで続き、大学の研究室でゼミを行なうことができなかった。やむなく、中村自らがポケットマネーをはたいて、学外に部屋を借りて講義を続行した。それは「東方研究会」の活動の一つでもあった。中村が東洋の学問をしているということで、東洋の学問をしている人たちが集まった。大学紛争が落ち着いて、学外で講義を行なう必要がなくなった時、その継続を願う声が起こった。

その声にこたえて、一九七三年に公開講座「東方学院」が開設された。それは、中村が東大を定年退官した年で、あちこちの大学から学長として招聘《しょうへい》されていたが、すべて断って、東方学院の学院長に就任した。多くの人たちから、「中村は気が狂ったのか、あんなことを始めて」「そのうち高利貸しに差し押さえられるのではないか」とも言われた。そんな話を中村は、晩年に笑いながら語った。

当初は、東方研究会・東方学院は東京・千代田区の神田明神の外側にあったモルタル造りのビルの二階にあった。神田明神は、野村胡堂《のむらこどう》の代表作『銭形平次捕物控《ぜにがたへいじとりものひかえ》』の舞台になったところとして知られている。その神田明神の大鳥居の真横に一九八三年にビルが建ち、篤志家七十六人の後援でその四階の全フロアを購入して事務所を開設した。そこへ移って現在に至っている。少人数の授業はそこで行なわれている。ただ、中村の講義だけは受講者が多かったので、中村の一高以来の友人の厚意で、大手町ビルの五階にある企業の研修室を就業時間後に貸してもらって行なわれた（後に湯島聖堂の斯文《しぶん》会館に移動）。まさに〝校舎なき総合大学〟といった感がある。建物は立派でも教育の空洞化が指摘されている今、真の教育の在り方をここに見る思いがする。

「昔を振り返ると、寺子屋みたいなものがあって、そこで学んだ人が日本を動かしていきました」

中村は、東方学院のことを誇りを持って〝寺子屋〟と呼んだ。そこには、今の大学とは異なった教育、研究の在り方を求める思いがうかがわれる。学園紛争もなく、門戸は開放され、免状とか学位の授与はないが、試験も卒論もなく本当に学びたい者同士が学ぶことを重視している。

錚々たる講師陣と多彩な受講者

その講師陣は、一つの大学に一人か二人いればいいような、錚々《そうそう》たる顔ぶれの講師が四十八人も名を連ねている。講座は哲学、仏教、インド思想、語学、中国文学・思想など五十を数える。語学では、サンスクリット語、パーリ語、チベット語、ヒンディー語、ベンガル語、タミル語、ギリシア語、それから中国語などの講義が行なわれており、大学の講義でもめったに見られない言語の講義も行なわれている。特にサンスクリット入門の講義とチベット語文献講読の数の多いことでは、日本のどの大学にもひけを取らない。

ここには、本当に勉強したい人だけが集まってきている。学歴、年齢、職業、国籍、性別、思想・信条などには、一切とらわれない。受講者の顔ぶれも多彩で、会社を息子に譲ったという取締役会長や、定年退職した人、ビジネスマン、宗教家、主婦、税理士、大学生、それと、専門以外を勉強したいという大学教授もいる。老若男女を問わず幅広い階層の人たちが机を並べている。中村の講義には、毎週、関西・四国から通ってくる人もあり、阪神・淡路大震災（一九九五年一月十七日）の後も、日本海側へ出て、京都から新幹線で上京してくる熱心な受講者もいた。栃木県足利《あしかが》市から長年、通い続ける婦人もあった。このように野《や》にあって研究したいという人たちに中村は全力で講義を行なった。長い人では開講以来通い続ける人もあり、五年も十数年も通っている人も多い。みな学ぶことに喜びを見出《みいだ》して参加している。従って、ゲバだの、ツルシ上げだの、団交だのと、そういう雑音は一切起こらない。東京で始まった公開講座もその後、中部や、関西などでも開設され、盛況である。

当初、中村の講義は、月曜と木曜の五時から三時間の講義であったそうだが、筆者が受講した一九九〇年代には、月曜日のみになっていた。

開講当初は、一講座の受講料は年間一万円だった。ある企業家が受講して、その金額を聞いて一回分の受講料だと勘違いしたそうで、その担当講師に「はい、さようでございます」とどうして言わなかったのと、みんなで笑ったというエピソードを中村は、作家の辺見じゅんとの対談で語っている（中村元対談集Ⅲ『社会と学問を語る』、二六四頁）。それほどに、格安の受講料であった。筆者が受講した時でも、一講座で年二万五千円で、二講座だと四万円であったと記憶している（現在は、一講座で四万円となっている）。

留学生派遣、研究の助成などの事業も

このような公開講座「東方学院」のほかに、東方研究会の事業は、留学生の派遣をはじめ、研究の助成、外国人学者の世話、南アジアへの視察団の派遣などの事業が行なわれている。また、インド大使館と共催で設けられた東方学術賞（中村の没後、中村元東方学術賞と改め）は、インド思想・文化およびアジアにおけるその発展形態を研究した人を顕彰するものである。学術誌『東方』も第一二号を数えている（当時）。その編集方針にもセクショナリズムを超えたものがある。

鶴見大学教授（当時）の中田直道（一九三〇〜）が中心になって、日本で印方《いんぽう》（インド医学）の国際会議が開かれたことがあった。中村がそれに協力し、その論文を記録に残そうと提案した。学問とは記録に残すことが大事であるからだ。ところが、西洋医学に比べれば漢方や、印方などの東洋医学は学問的価値が低いとする偏見があるためか、どこも論文集の出版に真剣ではなかった。そこで、中村は『東方』第一〇号（一九九四年）に発表論文を全部載せることを決断した。東方研究会だからこそできたことである。それが、一部の学者たちから評価された。

さらには、東方研究会が行なっている留学生の派遣も注目される。

「東方研究会は若い研究者の育成を主眼としていたものの、留学生を海外に送るなどという大それた事業は考えていませんでした」と、中村は語る。

ところが、東方研究会の理念に賛同したある篤志家の事業家が、「自分が若い時にできなかったから、これから若い学徒に釈尊の精神を勉強してきてもらいたい」と、奨学金の提供を申し出た。その人は、「決して自分の名前は出さないでほしい」と言ったそうだ。若いころ、ある禅僧から「ええことでも、悪いことでも、こっそりやれ」と、言われたからだという。その奨学金のおかげ

で、これまでインド、スリランカ、ネパール、パキスタン、中国などのアジア諸国に三十人の留学生を送り出している。ヨーロッパにも数人派遣している。

留学制度は、もちろん政府にもある。何も民間の機関が行なう必要がないと思われるかもしれない。ところが、政府の留学制度は、学問をしている者から見ると、隔靴《かっか》掻痒《そうよう》の感があることは否定できない。このように民間の善意と、学者の視点で行なわれるからこそ、形式的でなく、お仕着せでもない、心の行き届いた配慮がなされるというものであろう。

学校法人ではなく財団法人で

東方研究会を母体とした公開講座＝東方学院の存在は、学校法人ではなく、財団法人として始まったことに大きな意義があるのではないだろうか。学校法人であれば、政府から補助金が受けられるかもしれない。その半面、その事業内容や研究内容にまで口を出され、学問の自由が損なわれがちである。多くの研究者たちが異口同音に嘆いていることは、文部省は、単位や、カリキュラム、予算配分などの手続き的なこと、制度的なことしか頭になく、学問の意義、重要性など二の次ではないのかということであるようだ。研究に要するわずかな予算をもらうために、大変な労苦を強いられ、研究内容にまで口出しをされ、干渉されることもある。「研究助成費」という名前の「研究妨害費」と揶揄《やゆ》する声も聞いたことがある。そこには、学問の自由、創造的な研究など望めるはずがない。大学では、書類がたらい回しにされる。報告書も次々に出さねばならない。書類をたらい回しにすることに、お金を使っているのではないかと思えるほどである。研究の成果を出すことにはお金を出そうとしない。学者のやることは研究することであるはずである。それなのに、そこには力を入れようとしていない——中村は、こうした在り方をいつも嘆いていた。

財のない財団法人

そこにおいて、東方学院は政府からも、自治体からも、財界からも補助は受けていない。東方学院の理念に賛同した個人のみの援助によっている。教える人はボランティアも同然である。その理念と理想に共鳴する講師、受講者、支援者たちのサンガ（共同体）であり、かつまた大学を離れた、独立した学問の場といえるであろう。

中村は、「企業の寄付には頼らない。景気が悪くなると、日本の企業は真っ先に文化的なことから手を引いてしまう」とよく話していた。確かに、スポーツにおいても、景気が悪くなって日本代表の所属する実業団チームが廃部になり、所属先を探しているというニュースを見たことがある。それは、スポーツの話だが、文化に対しても同じことを見ていたのであろう。

全国にわたる共鳴者、篤志家の支援と、教育家、宗教家（仏教ばかりでなく、神道、キリスト教にまでわたっている）、実業家、会社員、主婦までもの後援があって、そのおかげで三十周年を迎えるに至った。中村は、「貧乏学者のつくった〝財のない財団法人〟」と謙遜《けんそん》していたが、それは誇りでもあったのであろう。「一つの実験になるであろう」と言うが、その実績には多大なものがあるといえる。

それを象徴的に示す事例をここに一つだけ紹介してみよう。一九九五年の日本印度学仏教学会の学術大会の発表者を数えると、東方学院の講師、事務局、受講者など東方学院に何らかの関係がある研究者が十八人を数えた。それに対して、旧帝大（東大、東北大、京大、九大その他）すべての研究者の発表は二十人であった。ほぼ同数である。小さな寺子屋の研究者が旧帝大すべてと伍《ご》している。それだけの若い力が集まっているのだ。翌一九九六年になると、東方学院関係の発表者は一気に二十四人へと増加している。こうしたことを見ただけでも、東方学院の果たしている役割の大きさが分かるというものだ。

（以上、「中外日報」一九九七年三月二十二日付に加筆）

◇　◇

この三十周年を記念する新春会の席で、ある人が、東京大学の名前を挙げてスピーチをした。その後に登壇した中村は、「えっ、東京大学！……そんな大学がまだ日本にあったのですか？」と切り出した。一瞬、わが耳を疑った。これは偏狭なアカデミズムに対する中村の態度の表われであったのであろうか。

独創的な研究ということで、中村は、大乗非仏説論を唱えていた富永仲基の名前をよく挙げていた。仲基は、大坂の町人が自分たちでお金を出し合って、庶民教育のために創った学校の懐徳堂《かいとくどう》で学んだ。中村は、「独創的な研究は公立の藩校からは生まれませんでした。私塾から生まれました」と語っていたが、そのことと関係するのだろうか。中村に確認する機会を逸してしまったのが残念でならない。

新春会では、洛子夫人もマイクを取って話した。それは、家庭における中村の姿の片鱗《へんりん》を見せるもので、会場を和やかに一変させるスピーチであった（その内容は第十二章を参照）。

講義冒頭の近況報告に人柄が

ここまで中村が力を入れていた東方学院での中村の講義の様子を紹介しよう。

筆者が、受講を申し込んで初めて中村の講義に出席すると、中村は、フランスから帰国して来訪したギメ東洋美術館の日本人学芸員を紹介した。そして、初めにその人の話をうかがうという場面に遭遇した。

その人の話が終わると、中村は立ち上がって、ホワイト・ボードにGuimetと書いた。「綴《つづ》りはこれでよかったですかね？」と確認すると、「ギメ東洋美術館の館長さんは、自らが研究者であり、自分で論文も書いておられるし、本も出しておられます。だから、何を収蔵するかという視点がしっかりしています。それに比べて、日本の博物館などの館長は、大半が役人でしょう。だから、何を収蔵するかとか、何を研究するかという視点がなく、人を管理することが主になってしまいがちです」と痛烈な批判をなした。筆者は、なるほどその通りだと納得した。

タゴールの研究で知られる著名な学者が、警察の取り調べの通訳をさせられたことがある。その学者は、「お世話になったバングラデシュの人が警察沙汰《ざた》に巻き込まれて困っているから助けてあげたい」と言っていたそうだが、中村は、「これで文化国家と言えるでしょうか？」と批判した。「大学でベンガル語の講座を申請すると、それが何の役に立つのだと言われるでしょう。でも、ベンガル語を話す人は、地球上に二億人はいます。それに対して、フランスの人口はわずか七千万人ほどです。フランス語の講座であれば、何も言われずに認可されるでしょう」

中村は、講義の冒頭や、合間にこうした鋭いコメントを語った。確かに日常会話の言語人口としては、ベンガル語は、世界で七番目に多い言語である。

東方学院での中村の毎週の講義は、いつもその一週間の近況報告から始まったものだった。海外から学者が来訪したことや、マスコミで話題になっている社会的な出来事、仏教学の最新事情、かかりつけの病院での医者の診断結果のこと——など、なんら包み隠すこともなく率直に話をした。

この近況報告に、中村の人柄がうかがわれて、毎週のそれが楽しみでもあった。中村も東方学院の受講者一人ひとりの顔を見ながら、自らの近況を報告することが楽しみでもあったようだ。中村は、会議などに招かれると、まず参加者一覧の顔ぶれを見て、話していいことと、話してはいけないことを確認して臨んでいた。ところが、東方学院の受講者の前では、ほとんど警戒することなく心を許して話をしていた。中村と受講者との間には、長年培われてきた信頼関係があった。

教室の前方の机の上には、中村あてに送られてきたダイレクトメールや、イベントの案内、出版物や、そのお知らせなど、すべて持参して並べられ、欲しい人にあげていた。いずれも無駄にしないように配慮していた。

某テレビ局の新春番組で有名な作家との対談が行なわれた後は、その収録の様子を報告した。テレビの収録で、「平和、平和と口で言っているだけでは実現しない。戦争をなくすには武器をなくすしかない。武器を売りつける国があるから、紛争がおさまらない。武器を売りつける国には経済援助を控えるべきだ」と発言したそうだ。「きっとこの部分はカットされるだろうな」と思っていたら、案の定、一月三日の放送ではその箇所がカットされていたという話も忌憚《きたん》なくしていた。

体験を交えた講義

講義中も、中村は自身の体験したいろいろなことを紹介しながら講義を進めた。

スタンフォード大学での講義を終えて、一九五二年に初めてインドを訪れた時の思い出を話したこともあった。プーナという学園都市で学生たちと一緒に食事をした。学生が、「アメリカは原爆をなぜドイツに落とさなかったのか、日本がどうして世界初の犠牲者になったのか、それはアメリカがアジア人を動物ぐらいにしか思っていないからだ。実験材料にしか思っていないのだ。この侮辱をわれわれは決して忘れない」と語っていたと。京都や大阪は知らなくてもヒロシーマ、ナガサーキの名前を多くの人たちが知っていた。原爆投下から数年後に生まれたヒロシマという名の少女に出会った驚きもわれわれは耳にした。

『高僧法顕伝《こうそうほっけんでん》』を講読していて、中国人の法顕（三三七〜四二二）がインドから船で帰国する場面でも、中村はインドから船で帰国した時の自分の体験を語った。船に乗ろうとしたら、コレラの予防注射を済ませていないというので、「待った」がかかった。慌てて病院で予防接種をやってもらって船に乗ったが、注射は一回しかしていないのに「これでOK」と言われた。「コレラの注射は二回やる必要があるのですが、あの注射はいったい何の注射だったのでしょう」と、中村は笑った。

また、シンガポールを出港した船の甲板で月を眺めていると、フィリピン人の船員がやってきて、戦争中に日本軍がやったことや、自分の弟も日本兵に殺されたという話を始めた。周りは真っ暗な海で、人はだれもいなかった。このまま海に放り込まれてもだれにもわからない……という、ゾッとするような恐怖感にかられた話もした。

『大唐西域記《だいとうさいいきき》』を読んでいる時、パキスタンの国境を通った時の話になった。洛子夫人が、「国境を越えたらどこへ連れて行かれるのかしら？」と物騒な興味を示した。すると、武装した兵士が近づいてきた。つかまえられるかと思ったら、手を差し出してきた。「お前たちは、日本人か。こんなところまでよく来てくれた。握手しよう」と言われた。そして、新聞を見せてくれた。「世界の指導者の写真が出ていて、トップに大平正芳首相が出ていました。その新聞をもらってくればよかった。そんなところを玄奘三蔵は歩いたんです」……と、こんな調子で、中村とともにたどるシルクロードの旅といった講義であった。

結婚式で、ある首相の夫人と隣り合わせに坐《すわ》ることになった。中村が、岩手県水沢にある天文台を話題にすると、「あそこは選挙区外のことでございます」と言われ、全く相手にされなかった。

「政治家の奥様というのも大変なんですね」と漏らしていた。

「家にたくさんの本がありますが、私が死んだらブルドーザーで一気に処分するように言ってます」とよく冗談を言った。中村は、本間昭之助社長（当時）との約束で、東京の中外日報社の建物を建て直して、「中村文庫」をつくることに同意していたが、本間がやむなく社長の座を退くことになったことで、それも果たせないままになっていた。生誕百周年を記念して、二〇一二年十月十日、島根県松江市に中村元記念館（八束町《やつかちょう》波入《はにゅう》二〇六〇、松江市役所八束支所二階）がオープンし、そこに遺族が寄贈した三万三千冊が収蔵されたと聞いた。本間も安心していることだろう。

記念館オープンの一連の行事を終えて、松江から帰宅した三木純子からメールが届いた。「記念館では、写真家の広瀬《ひろせ》飛一《とびいち》先生の写真展も同時開催中で、父の講義風景などが展示されています。仏像彫刻展を父母が見に来た時の写真には、西村公朝《にしむらこうちょう》先生、父、母、私と植木様が写っています」とあった。右端から順に三木、仏像彫刻家の西村、中村、洛子夫人、そして筆者が笑顔で談笑している場面である。中村夫妻と西村の何とも言えない笑顔がよくて、展示することになったという。

メールを拝見して、東方学院の仏像彫刻講座を受講する人たちの作品展を中村と一緒に鑑賞しに行った時のことを思い出した。写真は、会場のインド大使館で撮影されたものであった。中村は、展示された作品を鑑賞しながら、「ブッダ・プラティマー」(buddha-pratimā) と口にした。「仏像」を意味するサンスクリット語である。この鑑賞会自体が、中村の特別講義と言ってよかった。

このようにいろいろなエピソードを交えた講義だったので、退屈することがなかった。そのような雰囲気の中で、中村は深さと、幅広さを持った納得のいく明晰《めいせき》な講義を縦横無尽に展開した。中村は、いつも二百字詰めの原稿用紙に青いインクの万年筆で書かれた講義メモをもとに話をした。その原稿用紙は、右肩に穴を開けて直径三センチほどのリングで閉じられていた。

一九九八年二月の講義から

中村の講義の断面を一九九八年二月の講義を筆録した筆者のノートから再現してみよう。それは、『大唐西域記』に「諸法」という言葉が出てきた時のことだった。

「諸法」は、「たもつもの」を意味するダルマ (dharma) の複数形ダルマーハ (dharmāḥ) を漢訳したもので、「もろもろのことがら/事象/現象」を意味しています。いかなる事象にも、その背景において「たもつもの」があると考えているのです。その「たもつもの」によって事象が成り立っていると仏教では考えました。

これはプラトンのイデア論と対応するものがあります。「白いもの」は「白さをたもつもの」があるからだと考えるわけです。その「白さをたもつもの」を実在的に考えたのが説一切有部《せついっさいうぶ》でありました。ただし、それはインド一般で言われていることではありませんでした。

そこに東西交流があって、ギリシア哲学の影響も考えられないこともない。イデア論まで持ち出すのは飛躍しすぎかもしれませんが、その可能性を否定はできません。

　私は、ギリシア思想の影響が説一切有部にあるかと思って調べてみましたが、結びつけるのは難しいようです。ギリシアの貨幣が仏典に出てきます。ヘレニズム時代の貨幣の基準はスターテール（stater）と言います。これをサンスクリット語でサテーラ（satera）と言いました。そして、その音写語が漢訳の『倶舎論《くしゃろん》』で沙底羅《しゃていら》となっているのです。私は、漢訳仏典にギリシア語の影響を見つけて飛び上がらんばかりに喜びました。しかし、それ以上の影響は見られないようです。


あるいは、西洋のロザリオという名前はインドの影響によるものだという話も興味深かった。

　西洋でカトリック教の人が神に祈る時に用いる数珠《じゅず》状の輪をロザリオと言いますね。ロザリオ（ポルトガル語 rosário、ラテン語 rosarium）は、バラのローズ（rose）に関係する言葉です。しかし、なぜそこにバラという言葉が入っているのか、不思議に思われたことはございませんか。それについてドイツのアルフレッド・ウェーバーという学者が論じています。これは、インドの「ジャパ・マーラー」（japa-mālā）に起源していると言うのです。ジャパは「祈りをつぶやくこと」、マーラーは「輪」で、祈りの時に用いる数珠のことでした。ところが、これを西洋人が取り入れる時、「ジャパー・マーラー」（japā-mālā）と聞き間違えた。ジャパーは「バラ」のことです。こうして、「バラの花の輪」だと考えて、ロザリオとなったというのです。インドの数珠がカトリック教に取り入れられているのです。

このような調子で講義が進められるので、東西の文化にまたがって知的好奇心が膨らんでいって感動を覚えたものである。

また、ドイツのハンブルクで購入した『ミリンダ王の問い』のドイツ語訳の口絵に南アジアの仏教比丘《びく》らしい人とキリスト教の聖者が向き合った浮彫の写真が出ていたという話をした。それは、十三世紀に完成したバンベルク大聖堂の壁に施された浮彫であった。中村は、バンベルク大聖堂まで南ドイツの林野を車で三時間ほどかけて訪ね、自らの目で確かめに行った。中村は、その絵はがきを、受講者に回して、見せてくれた。教会の職員は、「それは預言者ヨーナスである」と言って、仏教の出家者であることを否定していたそうだが、身につけた衣など確かにどう見ても仏教僧であった。中村は、ドイツにおける東と西の出会いとして紹介した。その写真は、決定版「中村元選集」の第一九巻『インドと西洋の思想交流』三七一頁に掲載されている。この本が、出版されたのが一九九八年の一月だから、その編集・出版の直後に私たちに紹介していたことになる。

東方学院での講義が楽しみ

中村は、東方学院での講義を何よりも楽しみにしていて、万難を排して講義に駆けつけていた。「普通の大学では、休講になれば学生が喜びますが、この東方学院では休講になれば皆さんが残念がられます」と語っていたほどだ。筆者の知っている限りでも、借りている会場の都合で休講になることはあれ、中村自身の都合で休講になることはなかった。中村自身も、受講生と一緒に勉強することを楽しみにしていると、東方学院事務局（当時）の及川弘美からうかがった。

一九九三年に中外日報社と中国社会科学院世界宗教研究所の共催で「鳩摩羅什《くまらじゅう》」についての日中仏教学術会議が京都で行なわれたことがあった。これは、中村と、中国社会科学院世界宗教研究所所長（当時）の任継愈《にんけいゆ》教授、中外日報社長（当時）の本間の提唱で一九八五年から一年おきに日本と中国で交互に開催することで始まったものだ。中村は、それに参加して、翌日の朝十時の新幹線で京都から東京へ帰り、午後五時から東方学院で私たちに三時間近く講義したことがあった。八十代という年齢を全く感じさせない中村の学問への情熱には、驚かされたものだ。

特に忘れられないのは、一九九六年十二月九日のことだ。体調を崩していながら、中村は「皆さんが待っておられる」と家族の反対を押しきって車イスで駆けつけたことがあった。その日ばかりは、医師である洛子夫人が同伴していた。その詳細は、第十章で触れることにする。

教師の握拳は存在しない

中村は要所、要所で質問を受けた。どんな質問にも懇切丁寧に答えた。また、これからの研究課題、テーマ、学問の世界で現在問題になっていることなどを包み隠すことなく、私たちに話してくれた。それは、原始仏典の「わたくしは内外の隔てなしに（ことごとく）理法を説いた。完《まった》き人の教えには、何ものかを弟子に隠すような教師の握拳《にぎりこぶし》は、存在しない」（『ブッダ最後の旅』、六二頁）という釈尊の言葉を彷彿《ほうふつ》とさせるものがあった。「教師の握拳」（ācariya-muṭṭhi）とは、ウパニシャッドの哲人たちが、奥義を握拳の中に隠すようにして気に入った弟子にしか教えなかったことを譬《たと》えている。釈尊は、分け隔てなく、包み隠すことなく、法（真理の教え）を説いていた。その違いを釈尊自身が鮮明に指摘した言葉である。中村も、この言葉をモットーとしていて、自分の知っている限りのことを話しておこうという姿勢にあふれていた。

ある人が、「覚《さと》り」について質問した。中村は、「めいめいが苦悩を抱えています。それを乗り越える、それが覚りです。覚りは、苦行をやって得るような特別なことではございません。それぞれが、納得いくこと、それが覚りなんです。それぞれの在り方があっていいのです」と答えた。納得である。

『大智度論《だいちどろん》』を講義している時、サンガ（僧団）と在家の関係についての質問に対して、「サンガには、法皇様みたいな人がいて、在家に対して命令口調で『ああせい、こうせい』と言うような人はいませんでした。ましてや、破門なんてもってのほかです」と答えた。

さらに、『大智度論』の殺生《せっしょう》について論じられたところで、「仏教は結果説ではなく、動機説である」という話をした。暗闇《くらやみ》でそばに人がいることに気づかないで、バットのようなものを振り回して、その人を殴打して亡くなった場合、結果説に立つジャイナ教では殺生になるが、動機説の仏教では殺生にはならないといった話をした。そこで筆者が、正当防衛について質問すると、「それも殺生には当たりません」と答えた。後日、『大乗仏教の思想』（決定版「中村元選集」、二一巻）が出版されると、その時の質疑応答がそこに反映されていた。

質問を受けた時、中村は、確かではない時は答えを保留し、確かめた上で次の講義で答えた。曖《あい》昧《まい》な情報は、決して伝えなかった。

中村は、私たちの拙《つたな》い質問に対しても、誠実に答えてくれた。決していばることなく、学ぶことの謙虚さに満ちあふれていた。ある時、自分の勘違いを反省しつつ私たちに話したことがあった。テレビの収録で、比叡山延暦寺《ひえいざんえんりゃくじ》の別院である大原三千院の宗派をあやうく勘違いのまま発言するところだったが、気になってあわてて中外日報社に調べてもらって、自分が長い間、勘違いしていたということ、テレビの視聴者の皆さんに誤りを伝えるところだったということを反省しながら、淡々と話した。黙っていればすむようなことも、このように包み隠すことなく正直に話す中村の謙虚さに感銘したものだった。

自らの研究についても、「皆さんは、私を乗り越えていってください。いつか、私の説も否定される時が来るでしょう。その時は、遠慮しないで否定してください。そのために書き残しておきます」とも語っていたが、それは須弥山《しゅみせん》のごとき山を乗り越えるようなものだ。

常に笑顔を絶やさず

このようなやり取りにおいて、中村は、常に笑顔を絶やすことがなかった。中村が、激しい感情をあらわにしたところを見た人は、ほとんどいないであろう。それほどにだれに対しても穏やかに、にこやかに話をする。ところが、筆者は、中村が激しい怒りをあらわにした場面を二度だけ見たことがある。一度目は、オウム真理教による地下鉄サリン事件（一九九五年三月二十日）から一カ月たったころのことであった。中村が寄稿したオウム真理教批判の新聞記事のコピーを持参し、「日本の仏教学者は卑怯《ひきょう》です。どうして、あのオウム真理教について沈黙しているのですか。あれは仏教なんかじゃございません」と激しい口調で叫んだ。

終末論によって人殺しを正当化するという論理は、仏教の思想からは決して生まれてこない。中村は、イギリスの哲学者で数学者のバートランド・ラッセルが書いた『西洋哲学史』の「聖アウグスティヌス」の項に基づいて、「終末思想は西アジアに発してキリスト教に入り、近世にはマルクス・レーニン主義に取り入れられ、その本質がナチズムに容認された。オウムは、自分たちだけの国家を実現し、それに反するものを懲《こ》らしめるというナチスと同じことを言っている」と論じた。

筆者も、ちょうど「オウム真理教は仏教に非《あら》ず」という原稿が新聞に掲載されたばかりであったので、中村に見せた。タブロイド版で見開き二頁の記事の見出しを見て、中村は、「植木さん、この通りですよ」「これをいただいていいですか」と持って帰り、教室の人たちにもコピーが配られた。

二度目は、先ほど触れた一九九六年十二月九日のことだったが、それも併せて第十章で触れることにする。

漢訳仏典の読解

筆者が受講中に、中村が講義の教材として選んだのは、『大乗起信論《だいじょうきしんろん》』『高僧法顕伝《こうそうほっけんでん》』『大智度論《だいちどろん》』『原人論《げんにんろん》』『摂大乗論《しょうだいじょうろん》』『唯識二十頌《ゆいしきにじゅうじゅ》』『菩提行経《ぼだいぎょうきょう》』『大唐西域記《だいとうさいいきき》』などであった。そのテキストは、多くが大正新脩大蔵経の漢文であった。もちろん返り点などのない白文である。それを中村が読み下す。筆者たちは、その読み下しに聞き耳を立てながら、白文を眺めている。ずっと、それを繰り返していると、次第に漢文の読み下しのこつが自然と身についてくるのが不思議であった。時代劇で、侍《さむらい》の子どもが書見台の漢文のテキストを見ながら、先生が読み下した後に、復唱する場面がよく出てくるが、その有効性を身をもって知った。

中村は、フランスの中国学者スタニスラフ・ジュリアン（Stanislav Julien、一七九七～一八七三）の合理的な漢文読解のやり方を評価していた。例えば、「以～」（～を以《もつ》て）は、accusative

（対格）で「〜を」と読めばよいし、「欲〜」（〜せんと欲《ほっ》す）は、未来形で「〜しようとする」という意味になる。

例えば、『高僧法顕伝』（大正蔵、巻五一）の講読で、「以眼施人」（八五八頁）という一節が出てきた。これは、「眼《め》を以て人に施す」と読み下されてきた。それは、「眼を人に施す」という意味である。

また、「糧食水漿欲盡」（八六六頁）という箇所は、「糧食《りょうじき》・水漿《すいしょう》は盡《つ》きんと欲す」と読み下されてきたが、これは「食糧と飲料水は、盡きようとしていた」という意味である。

中村に教わって、漢文に親しみが増した。

また、漢訳のテキストを講読しながら、中村は「サンスクリット原典が存在するものは、原文にあたるように」とも話し、中村自身がそれを実行していた。七〜八世紀ごろのシャーンティデーヴァ（śāntideva、寂天《じゃくてん》）の著した『菩提行経』（bodhicaryāvatāra）の講読でのことだった。これは韻律を踏んだ定型詩であることから、漢訳は五文字ごとに区切られた定型詩になっている。文字数の制限から、端折《はしょ》られた訳がなされているようで、漢訳だけからは意味が読み取れないところが多数見られた。

中村は、漢訳と、サンスクリット原文から自ら訳したものを併せて紹介した。サンスクリット原文からの訳を聞いて初めて、漢訳の言おうとしていることが読み取れるということがしばしばであった。

例えば、漢文では次のようになっている。

是故我捨身（是《こ》の故に我は身を捨つ）
為捨於世間（世間を捨つるが為《ため》なり）
観是多過咎（是〔の身〕を観《み》るに過咎《かぐ》多し）
喩如持業器（喩《たと》えば業《ごう》の器を持《たも》つが如《ごと》し）

その対応箇所のサンスクリット原文からの翻訳は次の通りであった。

その故に、私は世の中の生けるもののために、我が身を顧みることなく、我が身を捨て去った。それ故に、この身は欠点の多いものであるけれども、この身を持《たも》っているのである。この身は、あたかも行ないをなすための道具のようなものである。

漢訳では、身体の否定的な側面が強調された文章になっている。それに対して、サンスクリット語からの訳では、身体は欠点の多いものだと分かった上で、具体的な行為をなすための道具としては欠くべからざるものだとして、この身を持っていることが強調されていて、漢訳との微妙な違いがくっきりとしている。

サンスクリット語の講義

中村は、漢訳の仏教用語だけでなく、必ずサンスクリット語も黒板に明記しながら講義した。そのおかげで、筆者はサンスクリット語の単語をずいぶんと覚えることができた。しかし、文法については自分できちんとやらなければいけないと思っていた。既に述べたことだが、中村に相談すると、「サンスクリット語は、発音の問題もありますし、最低限の講義を受けてからでないと、辞書の引き方も分からないし、独学では無理です」とアドバイスしてくれた。それで、東方学院のサンスクリット語初級を受講することから始めた。四十歳を過ぎた筆者と、二十代から六十代までの受講生十人ほどが入ると、もういっぱいの部屋であった。それは、中村が誇りにしていた文字通りの〝寺子屋〟であった。同学には、後に東洋大学で文学博士の学位を取得する石井義長《いしいよしなが》（一九三二〜）がいた。石井は、ＮＨＫを定年退職後、平安時代中期の空也《くうや》上人の研究を志して東方学院に学んだ人である。

講義を担当したのは、東方研究会研究員（当時）の水野善文《みずのよしふみ》だった。筆者より七歳若く、石井からしたら息子のような年齢だが、分かりやすく、人柄のにじみ出た講義であった。水野は、筆者たちの答えに、「はい、そうですね。その通りです」と応じた。続いて、水野の説明を聞いていると、答えが間違っていたことが分かる。それなのに、決して「それは間違いです」とは言わなかった。これは、ありがたかった。年齢《とし》をとると、「それは間違いです」と言われるのは心臓に悪い。水野の優しい思いやりある言葉に守られて、勉強を続けることができた。

初級の次は中級を二年続けて受講した。その後は、いつまでも文法をやっているよりも、実際の文章を読むことのほうを重視した。言葉というのは、文法があって言葉があるのではないからだ。それで、実際のサンスクリット語の文章で翻訳の練習をすることにした。そのテキストに『法華経』を選んだ。それは、とりあえず現代語訳があり、漢訳もあるので、自分の訳と比較できるからである。この作業には、文法書だけでは理解できないことが出てくる。特に『法華経』のような初期大乗仏典では、散文は別として韻文の偈《げ》（詩句）が仏教混淆《こんこう》梵語と言われる正規のサンスクリットの崩れた形で書かれているので、F・エジャートンの *Buddhist Hybrid Sanskrit Grammar and Dictionary*（イェール大学出版、一九五三年）が不可欠であった。構文や、実際の用法などを知るのにシンタックス（構文論）の本が必要で、それに梵和《ぼんわ》辞典と、文法書――この三つを横に置いて、翻訳の練習を始めた。最初のころは、五里霧中、暗中模索という状態だった。

中村から「人生において遅いとか早いとかということはございません。思いついた時、気がついた時、その時が常にスタートですよ」と励まされたことや、「一つの外国語をものにしたければ、三年間集中的に勉強すれば何とかなる」という言葉に支えられて、晩学の筆者は挫《くじ》けることなく勉強を続けることができた。

この作業を継続した結果、『法華経』と『維摩経』を現代語訳することになった。これまでの訳に納得いかなかった筆者の思いを理解して応援してくれたのが、中村の跡を継いで東方学院長に就任した三枝充悳であった。そして『梵漢和対照・現代語訳　法華経』上・下巻、『梵漢和対照・現代語訳　維摩経』（いずれも岩波書店）に結実した。

若い研究者を引き立てる

中村は、『シンガーラへの教え』に説かれる師弟の在り方をしばしば口にし、自らそれを実践していた。それは、「師は五つのことで弟子を愛するべし」というもので、

①よく訓育・指導する。

②よく習得したことを忘れないようにさせる。
③あらゆる学芸の知識を説明する。
④友人たちに弟子のことを誉《ほ》めて吹聴《ふいちょう》する。
⑤あらゆる面で庇護《ひご》してやる。

の五つである。

出版社から原稿を頼まれた時は、若い研究者に執筆の機会を広げるように努力していた。中外日報社長（当時）の本間が、江戸時代中期の儒者で朝鮮方佐役《ちょうせんかたさやく》として李氏朝鮮との外交に活躍した雨《あめの》森芳洲《もりほうしゅう》（一六六八～一七五五）について原稿を頼みたいが、執筆者としてだれが適任か、と中村に相談したことがあった。中村は、東方学院に所属していた金漢益《キムハンイク》の名前を挙げて、「金漢益さんに書かせていただけませんか？」と頼んだ。本間は、予定していた人の名前を黙って引っ込め、「分かりました」と引き受けたという。これも、若い研究者を何とか引き立てようとした中村の配慮の一端であろう。

その東方研究会は、中村の生誕百周年を記念して、二〇一二年に「公益財団法人・中村元東方研究所」と改められた。

第九章　中村元と足利学校

東方学院の受講者たちにとって、中村夫妻とともに出かけたバス旅行は忘れがたい思い出となっている。筆者も、一九九四年に栃木県の足利学校へのバス旅行に参加したことがある。それは、中村が足利学校の第二十四代庠主《しょうしゅ》に就任したことを記念して企画されたものであった。ところが、その二年後、天皇皇后両陛下がベルギーの国王夫妻を案内して足利学校を訪問され、それを中村夫妻がお迎えするということになった。筆者は、「中村元博士と足利学校」と題して、その詳細を「中外日報」紙上で報告した。以下に、その記事を再録することにしよう。

◇　　　◇

ベルギー国王夫妻の足利学校訪問

一九九六年の秋も深まる十月二十四日、天皇皇后両陛下が、ベルギーのアルベール二世国王夫妻とフィリップ皇太子を案内されて、栃木県足利市昌平町《しょうへいちょう》の足利学校を訪問された。このニュースは、テレビなどでも放映されていたので、ご存じの方も多いことであろう。

その足利学校で天皇皇后両陛下とベルギー国王夫妻をお迎えし、案内役の大任を果したのが、中村夫妻であった。なぜ、ここに中村の名前が出てくるのか、不思議に思われる方も多いのではないかと思い、足利学校の歴史を概観しつつ、中村と足利学校との由来をここに紹介しておこう。

実は中村は、その二年前（一九九四年）の八月以来、足利学校の校長である二十四代目の庠主に就任していたのである。庠主とは、「地方の学校の校長先生」というほどの意味だそうだ。

中村が、東方学院の講義で、「このたび足利学校の校長になることになりました」と筆者たちに語ったのは、その就任の直前のことであった。その時は、新聞などで「足利学校――百二十五年ぶりに二十四代目の校長先生」といった報道がなされていた。

中村は、「この学校の歴史は、パリ大学や、ボローニャ大学などの西洋の大学よりも起源が古いと言われています。それを地元の篤志家などが守り続けてきました。キリシタンの西洋人たちは、日本最大の大学として紹介しておりました」と、足利学校の概要を説明した。

十一世紀後半から十三世紀初めにかけて自然発生的に形成されたヨーロッパのボローニャ大学、パリ大学、オックスフォード大学よりも起源が古いということに改めて驚かされた。

ヨーロッパにまで名を馳せた総合大学

『下毛埜州学校来由記《しもつけやしゅうがっこうらいゆうき》』によれば、足利学校は、天長九年（八三二年）に平安初期の文学者・小野《おのの》篁《たかむら》によって創設されたということである。その後、十五世紀半ばに、関東管領《かんれい》・上杉憲実《うえすぎのりざね》によって一門の子弟のための教育機関として、永享《えいきょう》年間（一四二九〜一四四一年）に校規が整備され、学校として再興されている。十六世紀には、フランシスコ・ザビエルや、ルイス・フロイスらの宣教師により、総合大学としてヨーロッパにも紹介されるほど盛んとなった。

天文《てんぶん》十八年（一五四九年）のザビエルの書簡には、「都の大学のほかになお有名な学校が五つある。そのうちの四つは、都からほど近い所にある」「高野山《こうやさん》、根来寺《ねごろじ》、比叡山、それから近江《おうみ》」「どの学校も、およそ三千五百人以上の学生を擁している」「しかし、日本においては最も有名で最も大きいのは坂東《ばんどう》（関東）にあって、都を去ること最も遠く、学生の数もはるかに多い」と記されている。いわば、わが国でも最古の総合大学であったといえよう。その最盛期は室町時代であったそうだ。

中村は、ラテン語で書かれた十六世紀の「オルテリウスの地図」のレプリカのコピーを教室に持参し、筆者たちに見せてくれた。この地図は、足利学校の事務局の方が神田の古本屋で見つけたもので、大変に珍しいものだという。

地図には、現在の地図で見慣れた日本列島の弧状の形とは似ても似つかぬ、丸いイモのような形をした「IAPAN」（英語のJAPAN＝日本）が描かれていた。南に「Cangoxima」（鹿児島）、北に「Miaco」（ミヤコ＝京都）という文字が確認できる。「Miaco」の南東のほうに「Bandu」という文字があり、その文字の脇《わき》には建物の絵が描かれていて、「Academia」と書かれている。現在の地理からすると、位置関係は正確ではないかもしれないが、「Bandu」とは、現在の関東地方を意味する「坂東」のことであり、「Academia」は、大学、研究所を意味しているので、明らかに足利学校のことである。

この地図を見ただけでも、私たちは、足利学校がヨーロッパにまで名を馳《は》せていたという事実に胸を躍らせたものであった。

開放性に満ちた学風

足利学校の初代庠主・快元《かいげん》は、易学の大家で、教育内容は儒学中心であった。とりわけ、周易《しゅうえき》を重んじ、武将たちに卜筮《ぼくぜい》をもって仕える者を養成したといわれている。後年、徳川家康に仕える天海《てんかい》もこの足利学校で修学している。

家康は天下を取った後、文教政策に意を尽くすが、いち早く足利学校から九代庠主・閑室元佶《かんしつげんきつ》（号を三要《さんよう》という）を招いて伏見《ふしみ》に学校を開かせている。このように、江戸時代においても足利学校は重要な教育機関としての役割を果たしていた。

足利学校は、禅宗寺院にならって禅僧が管理し、来学者も僧侶《そうりょ》に限られ、在俗者も在校中は剃髪《ていはつ》するしきたりであった。敷地を見ても、京都の臨済宗《りんざいしゅう》の様式を模してあるのが分かる。その学風は、公家《くげ》の家学《かがく》とは異なり、開放性に満ちていたと言われている。

「近年は儒教ばかり講義されていたようです。それは、廃仏毀釈《はいぶつきしゃく》の影響もあったからでしょう。以前は、仏典もあったはずです」

と、中村が言うように、蔵書は、一七二五年の目録によると、国書百二十五冊、漢籍二千五十六冊、仏典七百十四冊と記されている。漢籍のなかには、現在、本家の中国ではなくなってしまい、日本の足利学校にしか保存されていないものまであるということだ。

地元篤志家の熱意で復元

しかし、これだけ盛んであった足利学校も、江戸時代末期の安政四年（一八五七年）、二十三代の謙堂で途絶えてしまった。明治維新以後、足利学校の維持ができなくなり、建物も荒れ果ててしまった。以来、明治、大正、昭和と百二十五年の間、庠主は空席状態が続いていた。そして平成に入って、中村が二十四代目の庠主に就任したというわけだ。

その空白期間中にも、一八九七年には足利学校遺蹟《いせき》保存会が誕生し、一九〇三年には、学校跡に足利学校遺蹟図書館が開設されるなど、足利学校の復興を願う人たちの努力が営まれてきた。

学校の跡地の真上に高速道路を通す計画が作られ、危うく学校の痕跡《こんせき》すら消えてしまうことになりかけたこともあったが、高速道路を迂回《うかい》させて、事なきを得るといった苦労もあった。

その結果、篤志家の努力が実り、市の予算も組まれて、現存する古い図面や、地図、文献に基づいて、一九九〇年に昔ながらの足利学校の建物が復元された。全国から勉強に来ていた学生のために江戸時代に造られていた寄宿舎も復元されている。

それを何よりも喜んだのは、地元の人たちだった。そして、多くの人たちが、足利学校を訪ねてくるようになった。しかし、「足利を単なる観光地に終わらせてはならない。ここは、学問が盛んに行なわれたところだ。それを忘れてはいけない」ということで、〝仏つくって魂入れず〟にならないように、魂を入れようではないかということになった。

そして、「足利学校の精神を残そう」ということで、百二十年以上も空席になっている庠主を復活させてはどうかという声が市民の間から起こった。しかし、庠主をだれにするのか、しばらくの間、決まらなかった。

いろいろ討議された結果、中村の名前が挙がった。

「唐突に私のところへ話がきたものですから、面食らってしまいました」

と、中村は話していたが、中村も驚いたことであろう。以前は、京都の南禅寺あたりから禅宗の僧侶を連れてきて、庠主にしていたそうだが、今度は、新しい時代に合わせて、学者が選ばれたというわけだ。

中村自身は、「『中村という、貧しい学者がいる』ということになったそうです」という言い方をしていたが、中村をおいてまさにこれ以上の適任はいないのではないだろうか。中村は、仏教思想だけでなく、インド哲学、東洋思想をはじめ、東西の哲学などに造詣《ぞうけい》が深い。

「慈しみの経」の石碑がとりもった縁

足利市でのこうした経過を経て、中村に打診があった。中村が、その申し出を承諾した背景には、中村の心を動かした一つのエピソードがあった。それは、足利の長林寺《ちょうりんじ》の住職が、中村の翻訳した原始仏典の一節を石碑に彫って建立したということであった。

長林寺は、足利市内の山川町にあり、足利学校とは一キロメートルほど離れた所に位置している。その住職で鶴見大学女子短期大学部助教授（当時）の矢島道彦は、インドの初期仏教とジャイナ教の文献的研究を専門としているが、学生時代に中村の『原始仏教の思想』を読んだことに始まり、東大の助手となったころから今日に至るまで、中村の学恩を受けてきた人である。

中村は、「私は、足利に縁がありました。足利に長林寺という禅寺があります。そこの住職の矢島さんという方が、寺の境内《けいだい》に石碑を建てられたのです。パーリ語で書かれた『スッタニパータ』という古い仏典を私は和訳したことがありますが、矢島さんは、その碑文にその中の「慈しみの経」といわれる部分を刻んで建てられたのです。私は、その除幕式に呼ばれましたが、心がハッと打たれました」と、その経緯を話した。

中村が翻訳した仏典はたくさんあるが、石碑に刻まれたのは初めてのことだった。

「私は、その石碑のことについては何も知らなかったのですが、除幕式に呼ばれて、深く心に感じるものがありました。私は、島根に生まれ、東京に長年、住みました。いわば流れ者です。石碑を見て、足利に魂の故郷をつくってくださったという思いがして、ありがたく、『私の心を葬る土地はここだ』と決めました。そして、法のため微力ながら力を尽くしたいと思い、その任にあらざれども、庠主をお引き受けすることにいたしました」

とも語った。


中村にとって、この「慈しみの経」の言葉は、ひときわ重大な意味を持っていた。中村は、『仏典のことば』（以下、岩波現代文庫版から引用）で、

人間の世界でも、衝突や争いがあり、一人の人の幸運が、他の人の不快を買うというようなことも起こります。それは事実です。だからこそ、心の持ちようによって生き方を変えることのできる人間にとっては、ますます少しでも、世の多くの人びと、さらにひろく生きとし生けるものの幸せを望むということが願わしいのではないでしょうか。その理想的なすがたは「慈悲」と呼ばれます。

（『仏典のことば』、一九六頁）


と述べている。その『スッタニパータ』の「慈しみの経」（メッターー・スッタ）は、中村によって次のように現代語訳された。

一切の生きとし生けるものは、幸福であれ、安穏であれ、安楽であれ。いかなる生物生類《いきものしょうるい》であっても、怯《おび》えているものでも強剛なものでも、悉《ことごと》く、長いものでも、大きなものでも、中くらいのものでも、短いものでも、微細なものでも、粗大なものでも、目に見えるものでも、見えないものでも、遠くに住むものでも、近くに住むものでも、すでに生まれたものでも、これから生まれようと欲するものでも、一切の生きとし生けるものは、幸せであれ。何ぴとも他人を欺《あざむ》いてはならない。たといどこにあっても他人を軽んじてはならない。悩まそうとして怒りの想いをいだいて互いに他人に苦痛を与えることを望んではならない。あたかも、母が己《おの》が独り子を命を賭《か》けても護《まも》るように、そのように一切の生きとし生けるものどもに対しても、無量の（慈しみの）こころを起すべし。また全世界に対して無量の悲しみの意《こころ》を起すべし。上に、下に、また横に、障害なく怨みなく敵意なき（慈しみを行うべし）。立ちつつも、歩みつつも、坐しつつも、臥《ふ》しつつも、眠らないでいる限りは、この（慈しみの）心づかいをしっかりとたもて。この世では、この状態を崇高な境地と呼ぶ。(1)（『ブッダのことば』、第一四五〜一五一偈）

中村は、この一節を引用して、随所で「慈悲」「慈しみ」について論じている。

この「慈しみの経」は、南アジアのスリランカ、ビルマ、タイなどでは特別の機会に唱える決まりになっているということで、中村は、「これらの国々の人びとは貧しく困窮していますが、しかし、生活上に心のゆとりがあらわれています。それなりの満足が見られるのは、そのためでしょう」（『仏典のことば』、一九七頁）と語っていた。

また、「『生きとし生けるものに慈しみを及ぼす』というのは、単なる感傷的な心情の問題ではなくて、現代の世界にとっては、緊迫した切実な問題となってきました。人間の利己心が人間を取り巻く自然環境を破壊し、そのために人間自身が復讐《ふくしゅう》を受けるようになり、人間の存在が脅かされるようになってきています」（同、一九七頁）と、その重要性も力説している。

重大さ増す「慈しみ」の思想

この「慈しみ」ということについて中村は、仏教の重要な思想であるとして、一九五六年に出版した『慈悲』（平楽寺書店）で詳しく論じている。そこには慈悲について、

およそ宗教的実践の基底には、他の人々に対するあたたかい共感の心情があらねばならない。仏教では、この心情をその純粋なかたちにおいては慈悲として把捉するのである。（『慈悲』、一九頁）

と述べ、その「はしがき」において、

苦難多きこの世にあって人々が明るく楽しく生きてゆくためには、他人に対する暖かな思いやりと心からの同情心をもたなければならない。貧しい生活でも暖かな共感のただよっているところは、心ゆたかであり、楽しい。この心情を仏教では「慈悲」として説いている。〔中略〕それは単に過去のものではなくて、未来の人類の生活のために指標としての意味をもつであろう。（同、一頁）

と、慈悲の思想の現代社会における重要性を強調している。

また、中村は、先の「慈しみの経」に出てくる「崇高な境地」という言葉が、最初期の仏教においては「究極の境地」を意味していたことを示し、

(仏教が)人間の宗教的実践の基本的原理として特に強調したことは、慈悲であった。

(同、三〇頁)


と、述べている。そして、ビルマのラングーン大学のティッティラ教授の

重要なことは、宗教における単なる信仰・儀礼・儀式ではなくて、宗教の道徳的・精神的諸原理にもとづく同情と愛情と理性と正義の生活である。真の宗教は心情の教育であり、心情と心の実践である。

(同、七頁)


という言葉を紹介しているが、まことに本質を突いた言葉である。

中村は、この『慈悲』という著作だけでなく、他の著作においても、機会あるごとにこの「慈しみの経」について言及し、「慈しみ」の心と、その実践がいよいよ時代・社会に必要なものであり、かつまた人間が見失ってはならないものであると強調している。

それは、特に戦争の問題、環境破壊の問題、いじめなどの教育問題、超高齢社会を迎えるに当た

っての介護の問題――などに代表されるように、これからますます混迷を深めつつある社会にあって、この「慈しみ」という思想が重大になると考えていた。それだけに、「慈しみの経」の訳文が石碑に彫られたことが、ひときわ嬉しく感じられたと拝察される。

庠主を引き受けた理由には、このほか、友人や知人をいつまでも心から大切にする中村のことだから、中村の心の内には、教育や倫理の問題について胸襟《きょうきん》を開いて語り合った友人の故・阿部仁三《あべじんぞう》のこともあったに違いない。というのは、阿部の出身が、この足利であったからである(2)。

東方学院と通ずる足利学校の理念

また、中村の学問に対する思いと相通ずるものを足利学校に感じたこともあるのではないだろうか。現在の足利学校は、国から予算が下りて運営されているのではなく、一つの市の少ない財源で細々と運営されている。

中村は、学問は学びたい人が集まって学ぶところに意義があると考えており、東大を定年退官した後、東方学院を開設した。国から一切の援助も補助金も受けることなく、「清貧《せいひん》」を貫いている。思想・信条を一切問うことなく、何の束縛をも受けることなく、学びたい人が自由に学ぶという理念の下に、東方学院は運営されている。だから、中村は、東方学院のことを「寺子屋」と誇りを持って呼んでいる。

中村が、庠主を引き受けた背景には、現在の足利学校のおかれた状況と、中村の東方学院への思いとに相通ずるものがあったからではないだろうか。

また、上杉憲実や徳川家康などの表《おもて》に現われた人たちよりも、現在の足利学校に至るまで陰に陽に支えてきた人たちのことに思いを巡らせてのことであろう。仏教の縁起の思想を大事にしている中村は、そうした人たちの目に見えないところでの努力に報いる思いでいるようである。

こうしたさまざまな思いで庠主を引き受けたからこそ、天皇皇后両陛下、ならびにベルギー国王夫妻が足利学校を訪問されたということは、中村にとってとりわけ大きな喜びであった。

足利学校を訪問された見識の高さ

特に、日本文化を代表するものとして、天皇陛下が学問の府であった足利学校をベルギー国王夫妻の訪問先に選ばれたことも、中村が喜んだ理由の一つに挙げられるのではないだろうか。中村は、その選び方に見識の高さを読み取っていた。

中村は、東方学院の講義で筆者たちに、「日本文化を外国の人に紹介するとしたら、皆さんは何を紹介しますか？」と、問いかけた。

そして、「私が、アメリカのフロリダ州にいたころのことです。アメリカ人が私の妻の着物姿を見て、『ゲイシャ（芸者）ガール』と言って拍手するのです。これでは、困ります。日本の文化の偉大なものが見失われてしまいます」と、アメリカ滞在中の体験を話した。

それに比べて、この度のベルギー国王の足利学校訪問は、ベルギー国王自身が、「東京の近くで昔の日本文化が残っている所を見たい」と希望され、両陛下がそれにふさわしい所として選ばれたということで実現した。

中村は、ベルギー国王夫妻の足利学校訪問について、「よりによって、草深いところにまで、天皇陛下がベルギーの国王をお連れになっておいでになったのは、大変なことです。これは、日本人として誇り高いことです。政治家のことは知りませんが、少なくとも皇族の方々が、学問の大切さを忘れておられないということであり、大変にありがたいことだと思いました」とも語っていた。

中村は、このように学問と文化の果たす重要な役割を知悉《ちしつ》している。

中村は、一九七五年一月に「原始仏教の成立」についての御進講を行なったことがあり、天皇皇后両陛下から「打ち解けた話がしたい」と呼ばれて、話をしたこともあるそうだ。その時のことを憶《おぼ》えていてくださったのであろう。

天皇陛下ご自身が、ベルギー国王に、「中村博士は、日本学士院の会員です」と紹介された。ヨーロッパの学者の一部に日本を軽く見る人がいることを心配したのか、中村は、それに加えて「ドイツ学士院客員会員とオーストリア学士院の遠隔地会員、イギリス王立アジア協会の名誉会員、国際哲学会（パリ）称号会員でもあります」と補足した。

ベルギーとの学問の交流示す論文集を贈呈

中村は、ベルギー国王からバルザックの本をいただいたお礼と、国王の足利学校訪問を記念して、何かふさわしい贈り物はないかと熟考した末、ベルギー国王に一冊の書物を贈呈した。十数年前に亡くなったベルギーのルーヴァン大学名誉教授、É・ラモットの『記念論文集』である。こうした点にも、学問と文化による国際交流への中村の思いがあふれている。

中村は、「国王に何か贈呈したいと思っていたところ、ラモット博士の『記念論文集』が目に付きました。この方は、カトリックの神父さんですが、仏典に詳しい人です。その方の『記念論文集』に多くの日本人の学者がフランス語で論文を寄せているのです。私も、欧文の中に漢字がたくさん出てくる論文を書いています」と、紹介した。

確かに中村の論文は、英語で書かれ、大正新脩大蔵経の漢文も写真で掲載されている。中村は、「一目で極東で書かれたものだと分かりますからね……」とも付け加えた。

ラモットは、ルイ・ド・ラ・ヴァレー・プーサンに学んだ人で、『大智度論』をフランス語に訳しただけでなく、『大智度論』に出典を明記せずに引用されている経典名を明らかにした緻《ち》密《みつ》な注釈を作っている。それは、大乗仏典を学ぶ人にとって必須の書となっているほど学問的価値の高いものである。その『記念論文集』には、中村をはじめ、京大名誉教授の長尾《ながお》雅人《がじん》、東大名誉教授の平川彰、そしてラモットのもとで学んだ名古屋大学教授（当時）の加藤《かとう》純章《じゅんしょう》など七人の日本の学者が寄稿している。

こうした日本とベルギーとの学問的交流の背景があって、中村は、その『記念論文集』を取り寄せて国王に贈呈した。

中村は、「学問を通じて両国の文化交流に役立てばと思っておりましたが、ベルギー国王は、自国の学者の『記念論文集』に日本人がたくさん論文を寄せていることを大変に喜んでくださいました」と、話した。それを話す中村自身も大変に嬉しそうであった。

そのラモット博士の『記念論文集』は、中村の言う文化交流の意義を込めて、加藤の贈呈により、足利学校の蔵書の中にも納められた。

このベルギー国王の足利学校訪問は、十六世紀にヨーロッパにまで名を馳せた足利学校が、二十世紀の終わり近くなって、中村を座主に迎え、再びヨーロッパにその存在を知らしめるに充分な出来事であったと思えてならない。〝仏に魂を入れる〟ことに誠心誠意、努めている中村の心が見えてくる思いである。

庠主に就任して、中村は、足利学校の祭事や文化活動を指導し、講演会、各種文化事業をも推進した。いわば、「歴史と伝統を生かしながらの現代にマッチした学校づくり」に努めた。

中村は、「私は、学問が復興すればよいと思っています。そのためにも、落ち着いて本を読むことができるようになればいいなとも思っております」と、今後の足利学校の理想を語った。

足利学校へのバス旅行の思い出

この足利学校へ、中村夫妻と一緒に受講生がバス旅行したのは、庠主に就任されて間もない一九九四年の十月二十二日のことだった。天皇陛下とベルギー国王が訪問されたのと同じ時期のことで、山々に忍び寄る秋の気配が美しく映えていた。足利学校の近くに、渡辺崋山《わたなべかざん》が設計した庭園を擁する昔ながらの瀟洒《しょうしゃ》な建物があった。今は料亭とホテルをかねているようで、そこで昼食をとった。それは楽しい語らいの時となった。洛子夫人から「みなさんに！」と、ハロウィンのキャンデーを頂戴《ちょうだい》したのも懐かしい思い出としてよみがえってくる。

足利学校には『宋刊本文選《もんぜん》』『周易注疏《しゅうえきちゅうそ》』『宋版　尚書正義《しょうしょせいぎ》』『宋版　禮記《らいき》正義《せいぎ》』など、国宝指定の貴重な文献が保管されている。事務局の方がそれらを特別に取り出して見せてくれたので、手に取って見ることができたことも忘れることができない。

一九九六年は、中村夫妻にとって、いろいろと大変なことが多い年であった。中村自身の手術や、院内感染による洛子夫人と三木純子の目の病気をはじめとして、心労が重なったことであろう。東方学院恒例の夏の鎌倉セミナーでは、中村の少し元気をなくした姿を拝見して、受講生一同は陰ながら心配していた。ところが、私たちに向かって講演を始められると、声に張りがみなぎってきて、学問に対する気迫、情熱がヒシヒシと伝わってきた。

夏休みが明け、東方学院の講義が再開されると、中村はすっかり元気になった姿で教室に入ってきた。そこで、「天皇皇后両陛下とベルギー国王夫妻が足利学校を訪問されることになり、案内役を務めることになりました」と、話したのだった。

中村は先日も、この八月に日本学士院で発表した論文「詩人カビールの思想的特徴」（『日本学士院紀要』、第五一巻第一号）の抜き刷りを私たちに配り、「これからも論文を書いてまいります」と、話した。

本年は、いろいろと苦難があったかもしれないが、私は中村の言葉に、すべてを乗り切ったという勝利の響きを感じた。

思いついた時が常にスタート

今月（一九九六年十一月）二十八日、中村は満八十四歳の誕生日を迎える。この五年間、中村の講義を受けながら、中村の学問に対する態度、人に接する姿勢などを目の当たりにしてきて、常に「今まさにその時」という生き方を貫いていることを学んだ。

私自身、サンスクリット語を四十歳過ぎてから学び始めたことで、「もっと早く来ればよかった」と、中村に申し上げたことがあった。

すると中村は、「植木さん、それは違います。人生において、遅いとか早いとかということはございません。思いついた時、気がついた時、その時が常にスタートですよ」と、言った。

中村のこの言葉に、どれほど励まされたことだろう。この言葉のおかげで、今日まで挫折《ざせつ》することなく勉強してくることができた。

以前、拙著『仏陀《ぶつだ》の国・インド探訪――人間主義の源流を求めて』の原稿を中村に見てもらった時、中村の年齢を「傘寿《さんじゅ》」（八十歳）とすべきところを、間違えて「米寿《べいじゅ》」（八十八歳）と書いてしまったことがあった。中村は、さりげなく鉛筆で「傘寿」と訂正し、序文の原稿まで添えていた。言い訳めいているかもしれないが、東方学院の受講生一同、「米寿」までも、いや「白寿《はくじゅ》」（九十九歳）までも長寿であって、世界の人々のためにも研究・執筆の総仕上げをしていただきたいことを念願してやまない。

◇　◇

以上が、「中外日報」の一九九六年十一月二十八日付に掲載された記事である。

中村は、天皇皇后両陛下が、ベルギー国王夫妻を案内されて足利学校を訪問されるということを、学問の重要性を知悉されていることだと大変に喜んでいた。筆者たちに講義をしながら、中村は本当に嬉《うれ》しそうにそのことを語っていた。ところが、テレビや新聞のニュースで、このことが報じられると、天皇皇后両陛下やベルギー国王が足利学校を訪問されたということだけが報じられて、お迎えした中村の名前はどこにも見当たらなかった。筆者はいたたまれなかった。

筆者は、中外日報社長の本間に頼んで、天皇陛下とベルギー国王の足利学校訪問と、足利学校の歴史などに絡めて、天皇陛下と中村との関係などについて詳細に触れた記事を書かせていただきたいと、お願いした。本間は、「中村先生のためなら、ページ数はいといません。何枚でも結構です」

と快諾《かいだく》してくれ、広告抜きで「中外日報」の三頁全面にわたって一挙に掲載してくれた。しかも、その掲載日は、筆者も予期していなかった一九九六年十一月二十八日で中村の八十四歳の誕生日であった。

その次の講義の日（十二月二日）に、中村は、その掲載紙が中外日報社から送られてきたということで、「この度は、中外日報の本間様が足利学校のことを大《お》ーきく、おーきく取り上げてくださいました。たくさん送っていただいたので、皆さんお持ちください」と受講者全員に配った。中村は、嬉しそうであった。

中村が〝本間様〟と言ったのは、本間がかつて日本最大の地主と言われた山形県酒田の本間家の子孫であることを知っていたからであろう。平凡社「世界大百科事典」によると、本間家の先祖は鎌倉時代の佐渡守護代《しゅごだい》、本間六郎左衛門《ほんまろくろうざえもん》に至り、上杉謙信以後の上杉家の没落に伴い北へ北へと米沢に移動したのに伴って、本間家も北の酒田まで移り住んだと言われている。

お茶の水女子大学の元学長であった佐藤保《さとうたもつ》は、この「中村元博士と足利学校」の拙論を読んで、「学長であった時、毎年のようにお茶大の学生を連れて足利学校を訪問していました」と懐かしそうに話してくれた。佐藤は、中国文学が専門であり、足利学校の意義を深く理解していた。

二〇一二年が中村の生誕百周年に当たったことから、足利学校で生誕百年記念「中村元　足利学校庠主の足跡」展が催された。そこに、「中村元博士と足利学校」が掲載された「中外日報」も展示されたと聞いた。

註

（1）二〇一三年十月十日、インド大使館で行なわれた「中村元東方学術賞」の授賞式で、東方学院校歌「慈しみ」（詞・中村元、作曲・中村匡宏《くにひろ》）が発表された。それは、中村元が訳した「慈しみの経」の中から選んだ次の言葉に、三木純子の依頼で作曲家でピアニストの中村匡宏（同姓だが親戚ではない）が曲をつけたものだ（楽譜は、『東方』第二九号、二五二頁に掲載）。

一切の生きとし生けるものは、
　幸福であれ、安穏であれ、安楽であれ。
一切の生きとし生けるものは幸せであれ。
　何ぴとも他人を欺いてはならない。
たといどこにあっても
　他人を軽んじてはならない。
互いに他人に苦痛を与える
　ことを望んではならない。
この慈しみの心づかいを
　しっかりとたもて。

（2）『平成六年度・足利学校釋奠《せきてん》記念講演筆記』（史跡足利学校管理事務所発行）に収録された中村の講演によると、阿部仁三は東京書籍の重役で、中村とともに戦後の日本の教育が混乱していた時に、「今後の日本の教育においては、単に過去の理想や文化を、ただ教える、詰め込むというだけでは不十分であって、広く世界の思想や文化のうちに日本を位置づけ、評価するようにしなければならない」と語り合っていたという。中村のこの講演は、『東西文化の交流』（決定版「中村元選集」別巻五）、二一五〜二四八頁に収録されている。

第十章　研究の集大成

「今年は九冊、本を出します」

一九九三年の年が明けて、中村は、年頭の講義の挨拶《あいさつ》で「今年は九冊、本を出します」と語った。それには、筆者ばかりか受講者のだれもが驚かされた。中村が八十歳の時である。

早稲田大学教授（当時）の福井《ふくい》文雅《ふみまさ》（一九三四～）がフランスからパルム・アカデミック勲章を受章し、その祝賀会が、その年の六月にホテルオークラで行なわれ、中村の代理で筆者が出席することになった。中村がどうしても都合がつかず、教室のだれかに行ってもらえないかと尋ねた。受講者の中から「植木さんは、熱心に中村先生の講義を一言一句漏らさずにノートをとっておられるし、よく質問もされるし、植木さんがいいと思います」という声が上がった。「そうだ」「そうだ」の他薦の声に押されて、筆者がお伺いすることになった。

福井に、「中村の代理でまいりました」と挨拶すると、「あなたが、植木さんですか、中村先生から、電話をいただいております。では、中村先生の代わりにスピーチを」と言われて、辞退するのに四苦八苦した。

中村は、陰できちんと「こういう人がまいりますから、よろしくお願いします」と話をつけていてくれた。それは、筆者のように浅学非才のものの場合でも変わりないということを、身をもって知る機会であった。

中村の近況として、「今年は九冊、本を出します」と話したことを福井に伝えると、「九冊ですか！　驚異的ですね」と目を丸くして驚いていた。

その九冊にはイギリスのラウトレッジ（Routledge）社から出版した改訂版の *A Comparative History of Ideas*（比較思想史、五百七十二頁）や『比較思想の軌跡』（五百七十四頁）をはじめ、決定版「中村元選集」の第一五巻『原始仏教の思想Ⅰ』（九百八十七頁）と、第一八巻『原始仏教の社会思想』（七百七十三頁）も含まれていた。

「中村元選集」は旧版と決定版の二回、刊行されている。その旧版は、一九七七年に完結した。その十一年後の一九八八年から一九九九年にかけて決定版「中村元選集」の刊行が始まっている。中村の探究心は、全くとどまることがなかった。従って、筆者が東方学院で中村の講義を受けていたのは、中村が決定版の刊行の作業に取り組んでいる真っ最中であったことになる。

東方学院での講義中に中村が、何気なくつぶやいた言葉がある。

「八十歳を過ぎると、やはり徹夜はこたえますね」

その言葉を聞いて、受講者一同、わが耳を疑って、顔を見合わせて驚嘆したことがあった。決定版の作業に専念していたのであろう。

決定版の完結を目前にして、中村は体調を崩し、入退院を繰り返しながら東方学院での講義と決定版の作業を継続していた。

教室にみなぎったただならぬ緊張

第九章で述べたように、一九九六年十二月二日、八十四歳になったばかりの中村は、元気な姿で教室に姿を見せ、「中村元博士と足利学校」という記事の掲載された「中外日報」を全員に配付した。ところが、その一週間後の十二月九日には、教室に緊張が走った。

筆者たちはいつものように談笑しながら、教室となっていた湯島聖堂の斯文会館で中村を待っていた。定刻になっても中村は姿を現わさなかった。少し遅れて東方学院のスタッフの方々が部屋に入ってきた。それも、スタッフの全員がそろっていた。その表情を見て、教室にただならぬ緊張がみなぎった。何があったのだろう。だれもがそう思った。もしや……。だれも口にはしなかったが、思いは同じだった。

そこへ、中村が車イスに乗って教室に姿を現わした。医者である洛子夫人も一緒だった。夫人が同伴されるなんてことは初めてのことだった。教室の入口を入ったところで、中村は車イスを降り、自分で教壇まで歩こうとした。東方研究会主事の堀内伸二と、研究員の有賀《あるが》弘紀《こうき》が両脇から支えたが、途中でヨロリと倒れそうになる場面があって、だれもが固唾《かたず》を呑んで見守るしかなかった。

中村の顔色は、見るからに優れなかった。体調が悪いのに、「東方学院で皆さんが待っておられる」と言って、家族や、東方学院のスタッフが引き留めるのを押して、駆けつけてきたということを後でうかがった。

中村は教壇につくと、最近の医療の在り方に激しい怒りをあらわにした。中村が怒りをあらわにしたのを見るのは、オウム真理教と日本の仏教学者たちを批判した時以来、二度目であった。

咳《せき》が出るので近所の婦人が有名な病院に行ったら、「風邪《かぜ》ぐらいでうちに来るな」と追い返された。その人は翌日亡くなった。肺炎だった。洛子夫人も院内感染で失明しそうになり、三木純子にも感染するという大変なことがあった。医学が進歩したけれども、それを扱う人に仏心がなく、人への思いやりがないならば、悪を増長させることになると語気を強め、「人々のため」という学問のあるべき姿について語った。中村は、いったん口を開くと次第に熱気を帯びてきて、三十分ほど話をした。中村がいかに深い思いをこの東方学院に抱いているのかを目の当たりにする思いだった。

この中村に、決して無念の思いを抱かせては申し訳ないと、だれもが心に思ったことだろう。中村の思いを継承していかなければならないと。

ところが、年が明けた一九九七年に中村は、精力的に活動をした。あの十二月九日から四十日後の一月二十日には、中村は杖《つえ》なしで足取りも軽く教室に入ってきて、いつものように講義を行なった。だれもが驚くとともに、中村が元気になったことを喜び合った。

二月の講義では、東方研究会の創設三十周年記念の総会を開きますと話した。三月にはその三十周年記念の祝賀会を行ない、十月十九、二十日には京都で行なわれた中外日報創刊百周年記念の第七回日中仏教学術会議に本間に招かれて発表を行なった。それには、拙著『仏教に学ぶ対話の精神』が中外日報創刊百周年記念出版となったことで、筆者も参加させていただいた。

入退院を繰り返しながらも

一九九八年度前期には、「『まだ生きていたのか』と言われるが、悪運が強いのかもしれない。悪運が続いている間は、人様のお役に立つことをしたいと思っています。こうやって皆様と勉強できることはありがたいことです」と語りながら、予定通りに講義を行なった。

しかし、後期になると、自らの病について語ることが多くなった。

「人間万事塞翁《さいおう》が馬」と言って、めぐり合わせでとんでもないことが起こります。東大を辞めた時は元気で、東方学院を創《つく》りました。朝野《ちょうや》の方々の歓呼の声に励まされて、「先生に石をぶつけるようなところは大学ではない」と思って始めました。皆様の協力で順調に進みました。私は、気が若くていたんですが、病気に関することだけは分かりませんで、これぱかりは見通しがきかず、残念でした。一年ほど前に病気になって、皆様に迷惑をかけました。おわびしたい。娘たちと医者とで秘密に話し合っているのが耳に入ってきました。「余命五カ月か」と言われていましたが、もう五カ月も経《た》ってしまいました。こうして皆さんの前で話していますが、ほうっておくと一命にかかわる老人病もございまして、きょうも午前中に病院に行ってきました。皆様のお役に立つ限りは、皆様の前に姿を現わして少しでも役に立てればと思っています。

（一九九八年十月）

そのころの生活について、中村は次のように語ったことがある。

年をとるといろいろと病気が現われてきます。「四苦八苦」の教えを知っていたけれども、身をもって知ってはいませんでした。この程度はいいだろうと、いろいろと計画を立てていましたが、家族から「あなたは、自分の身のことを分かってなかった」と言われます。休みの間に武蔵境《むさしさかい》のほうに病院があり、そこはホテルを兼ねていて、具合が悪いとそこに隠れ、体がよくなると皆様にお目にかかるということをしてきました。そこで、何とか自分の来し方、行く末をじっくり考えてみました。皆様をうっちゃらかしにしては、遠路はるばる見えている方に申し訳なく思いました。

（一九九九年二月）

断固たる態度でなすべきことをなす

このように入退院を繰り返しながらも、中村は講義に駆けつけ、それとともに決定版「中村元選集」の出版の作業を進めていた。一九九六年には、決定版のうちの五巻、九七年には三巻、九八年には何と七巻、九九年には三巻が出版されている。こうして九九年七月に全四十巻の出版が完結するのである。

まさに、釈尊が入滅を前にして故郷を目指した旅の記録である『マハー・パリニッバーナ・スッタンタ』の次の一節を思わせる。

アーナンダよ。わたしはもう老い朽《く》ち、齢をかさね老衰し、人生の旅路を通り過ぎ、老齢に達した。わが齢は八十となった。譬えば古ぼけた車が革紐《かわひも》の助けによってやっと動いて行くように、恐らくわたしの身体も革紐の助けによってもっているのだ。（『ブッダ最後の旅』、六二頁）

わが齢は熟した。わが余命はいくばくもない。汝らを捨てて、わたしは行くであろう。

（同、九七頁）

その旅の途上で食物にあたって中毒になりながらも、釈尊は、故郷を目指して旅を続けた。「アーナンダよ。わたしは疲れた。横になりたい」（同、一二五頁）と言って、二本のサーラ樹（沙羅《さら》双樹《そうじゅ》）の間に横たわった。

そこでスバッダという遍歴行者に対して語ったことが、釈尊の最後の説法となった。

スバッダよ。わたしは二十九歳で、何かしら善を求めて出家した。スバッダよ。わたしは出家してから五十年余となった。正理と法の領域のみを歩んで来た。これ以外には〈道《みち》の人〉なるものも存在しない。

（同、一五〇頁）

中村は、この一節について、「他人がどうであるかというようなことは何も気にする必要がない。ただ自分はひたすらに真実を求めて進んできた。わがなすべきことをなす。他人がどうこうしているからといって右顧左眄《うこさべん》することはない。そういう断固たる態度がこの釈尊の答えの中に見られる」（『原始仏典を読む』、一三九頁）と述べている。筆者には、ブッダの思いを代弁しつつも、中村自身の思いを語った言葉として聞こえてくる。

研究の集大成としての決定版「選集」全四十巻にかける中村の態度にも、断固たるものがあった。

大幅な増補加筆で決定版「選集」四十巻

その全四十巻の内容は、次の通りである。

第一巻『インド人の思惟方法』（東洋人の思惟方法Ⅰ）、一九八八年、四百六頁（増補加筆）
第二巻『シナ人の思惟方法』（東洋人の思惟方法Ⅱ）、一九八八年、三百九十六頁（増補加筆）
第三巻『日本人の思惟方法』（東洋人の思惟方法Ⅲ）、一九八九年、四百九十四頁（増補加筆）
第四巻『チベット人・韓国人の思惟方法』（東洋人の思惟方法Ⅳ）、一九八九年、四百十九頁（増補加筆）
第五巻『インド史Ⅰ』、一九九七年、五百十七頁（増補加筆）
第六巻『インド史Ⅱ』、一九九七年、六百八十五頁（増補加筆）
第七巻『インド史Ⅲ』、一九九八年、六百九十二頁（増補加筆）
第八巻『ヴェーダの思想』、一九八九年、六百七十五頁（新稿）
第九巻『ウパニシャッドの思想』、一九九〇年、八百八十六頁（新稿）
第一〇巻『思想の自由とジャイナ教』、一九九一年、九百十八頁（新稿）
第一一巻『ゴータマ・ブッダⅠ』（原始仏教Ⅰ）、一九九二年、七百七十六頁（増補加筆）
第一二巻『ゴータマ・ブッダⅡ』（原始仏教Ⅱ）、一九九二年、五百五十七頁（増補加筆）
第一三巻『仏弟子の生涯』（原始仏教Ⅲ）、一九九一年、六百九十七頁（増補加筆）
第一四巻『原始仏教の成立』（原始仏教Ⅳ）、一九九二年、七百七十六頁（増補加筆）
第一五巻『原始仏教の思想Ⅰ』（原始仏教Ⅴ）、一九九三年、九百八十七頁（増補加筆）
第一六巻『原始仏教の思想Ⅱ』（原始仏教Ⅵ）、一九九四年、八百六十七頁（増補加筆）
第一七巻『原始仏教の生活倫理』（原始仏教Ⅶ）、一九九五年、七百四十頁（増補加筆）
第一八巻『原始仏教の社会思想』（原始仏教Ⅷ）、一九九三年、七百七十三頁（新稿）

第一九巻『インドと西洋の思想交流』、一九九八年、六百六十六頁（増補加筆）
第二〇巻『原始仏教から大乗仏教へ』（大乗仏教Ⅰ）、一九九四年、九百三十七頁（新稿）
第二一巻『大乗仏教の思想』（大乗仏教Ⅱ）、一九九五年、九百四十五頁（新稿）
第二二巻『空の論理』（大乗仏教Ⅲ）、一九九四年、七百八十六頁（新稿）
第二三巻『仏教美術に生きる理想』（大乗仏教Ⅳ）、一九九五年、六百五十六頁（新稿）
第二四巻『ヨーガとサーンキヤの思想』（インド六派哲学Ⅰ）、一九九六年、六百三頁（新稿）
第二五巻『ニヤーヤとヴァイシェーシカの思想』（インド六派哲学Ⅱ）、一九九六年、八百五十三頁（新稿）
第二六巻『ミーマーンサーと文法学の思想』（インド六派哲学Ⅲ）、一九九五年、六百二十四頁（新稿）
第二七巻『ヴェーダーンタ思想の展開』（インド六派哲学Ⅳ）、一九九六年、五百二十六頁（新稿）
第二八巻『インドの哲学体系Ⅰ』（『全哲学綱要』訳註Ⅰ）、一九九四年、三百九十九頁（新稿）
第二九巻『インドの哲学体系Ⅱ』（『全哲学綱要』訳註Ⅱ）、一九九五年、三百七十八頁（新稿）
第三〇巻『ヒンドゥー教と叙事詩』、一九九六年、六百六十八頁（新稿）
第三一巻『近代インドの思想』、一九九六年、三百九十六頁（新稿）
第三二巻『現代インドの思想』、一九九七年、五百六十六頁（新稿）
別 巻 一『古代思想』（世界思想史Ⅰ）、一九九八年、五百五十五頁（増補加筆）
別 巻 二『普遍思想』（世界思想史Ⅱ）、一九九九年、千二十九頁（増補加筆）

別巻三『中世思想』（世界思想史Ⅲ）、一九九九年、六百六十七頁（増補加筆）
別巻四『近代思想』（世界思想史Ⅳ）、一九九九年、五百四十頁（増補加筆）
別巻五『東西文化の交流』（日本の思想Ⅰ）、一九九八年、三百三十九頁（新稿）
別巻六『聖徳太子』（日本の思想Ⅱ）、一九九八年、三百六十六頁（新稿）
別巻七『近世日本の批判的精神』（日本の思想Ⅲ）、一九九八年、四百一頁（新稿）
別巻八『日本宗教の近代性』（日本の思想Ⅳ）、一九九八年、三百五十四頁（新稿）

名著『東洋人の思惟方法』が一九四八、四九年にみすず書房から出版された時には上・下二巻であったが、旧版で全四巻となり、第六章に挙げたその旧版の頁数が計千七十三頁であったのに対して、決定版は計千七百十五頁で一・六倍に増えている。最初の版をまとめる時は、戦争のため外国へ行くこともできず、日本の〝鎖国〟状態の中で書いたものであったが、その後の海外渡航での体験が随所に生かされて、大幅に加筆されている。また、韓国の人々からの要請を受けて、「韓国人の思惟方法」がこの決定版で新たに追加された。

旧版には、原始仏教関係の本が五巻含まれていた。中村は、その五巻が完結した段階で、「以上五巻でわたくしの原始仏教研究は、ひとまず打ち切った」（『学問の開拓』、一三二頁）と述べていた。その原始仏教の研究は、この決定版では、八巻に増えている。旧版の『ゴータマ・ブッダ――釈尊の生涯』は、決定版で増補加筆され『ゴータマ・ブッダⅠ』『ゴータマ・ブッダⅡ』の二巻に増え、五百六十七頁からⅠ・Ⅱ巻合わせて千三百三十三頁にと、約二・四倍になっている。

旧版の『原始仏教の成立』は、決定版では『仏弟子の生涯』と『原始仏教の成立』の二巻となり、ここでも四百八十七頁から二巻で千四百七十三頁へと三倍以上に増大されている。旧版の『原始仏教の思想』上・下巻を合わせた千十九頁は、決定版の『原始仏教の思想Ⅰ』『原始仏教の思想Ⅱ』の千八百五十四頁へとほぼ倍増している。『原始仏教の生活倫理』は、旧版の五百三十一頁から七百四十頁に増えた。そして、決定版では新たに『原始仏教の社会思想』（七百七十三頁）が追加されている。

他の巻もそれぞれ増補加筆され、新稿も二十一巻含まれている。旧版からは、飛躍的に増大したものとなった。

これも、「本の形にしておけば、さらにそれを踏まえて発展させることができます」という中村自身の言葉を実践したものと言えよう。また、「思いついた時、気がついた時、その時が常にスタートです」という中村の学問と人生に対する姿勢の賜物《たまもの》であろう。

中村と交わした最後の言葉

その決定版が完結した一九九九年七月のことであった。筆者は、中村夫妻と旧知の仲であった本間昭之助から決定版「中村元選集」の完結について広報紙『仏眼《ぶつげん》』に掲載する原稿を依頼された。本間は、一九九七年末に中外日報社長をやむなく退くこととなり、京都のある学校の理事長となっていた。『仏眼』はその学校の広報紙であった。

中外日報社長当時、本間は、決定版の出版契約の場にたまたま居合わせたことがあった。本を出せば印税が入って儲《もう》かるものと思っている人が多いかもしれないが、それは、ベストセラー級の本の話で、多くの場合は、著者の持ち出しで〝本を出版してもらう〟というケースなのだ。この全四十巻もの選集も、出版社にとって、どれだけ売れるか分からないということで、中村が一部自己負担をしていた。

「中村さん、お金は中村さんがもらうほうで、払う必要はないんじゃないの?」

と、本間が口を挟んだ。本間は事情を知って、中村に支援を申し出たという。それだけに、本間は決定版完結を喜んだ。

原稿を書くに当たり、事実関係で確認することがあって中村の自宅に電話した。中村は、質問に答えた後、「選集を仕上げて、このごろ体の調子がいいんです。あすは東方学院のほうにまいります」と言った。声の響きから、大きな仕事をやり遂げた後の充実感に満ちた安らぎに包まれているように思った。これが、中村と交わす最後の言葉になろうとは、その時は思いもよらなかった。

その夏の猛暑は、異常なほどだった。その猛暑に辟易《へきえき》としながら、筆者は、以下の一文をまとめて『仏眼』編集部に送った。

決定版「中村元選集」の完結に寄せて

この夏、うれしい知らせが届いた。八八年から刊行が開始されていた決定版「中村元選集」全四十巻が完結したという知らせである。十一年がかりの大事業であった。

決定版とあるのは、六一年から七七年にかけて既に出版されていた「中村元選集」二十三巻に対して、その改訂、大幅増補された最終版という意味である。

中村元博士(八六歳)は、決定版の刊行に当たって、「最初の刊行時からでも、もう三十年近くなる。その間に、わたくし自身の考究も発展し、学界における諸研究も大いに進展した。また読者の方々から受けた批評、教示も、大層有益であった。そこで旧著をそのままの形でのこしたくなかった」と述べておられた。

その三十年の研究の成果というものは、最初の選集に比べて決定版が、ページ数だけでも一・五倍から三倍近くになっていることからもうかがえよう。「読み返していると、つい書き入れたくなるんです。しかし、『あまり厚くなると敬遠されますから』と一冊で千ページを超えないように出版社から注意されています」という話も、博士からおうかがいしたことがあった。

内容は、英語、中国語、韓国語、スペイン語に翻訳されている名著「東洋人の思惟方法」（一〜四巻）をはじめ、インドの歴史（五〜七巻）、ヴェーダ・ウパニシャッド・ジャイナ教の各思想（八〜一〇巻）、原始仏教関係（一一〜一八巻）、大乗仏教関係（二〇〜二三巻）、六派哲学関係（二四〜二七巻）、近・現代インド思想（三一、三二巻）などからなる。別巻では、世界思想史（全四巻）と日本の思想（全四巻）にまで言及されている。

これらの項目を見ただけでも、その範囲は日本、インド、韓国、中国、欧米のみならず、ユーラシア大陸全域を網羅し、歴史、思想・哲学、文化といったジャンルにゆきわたっている。それも大勢の分担作業でなされたのではなく、博士一人の積年の研究成果である。そのため、一貫した問題意識の上に体系化されており、全体観に立った総合的理解に役立つ。哲学と言えば、西洋哲学、東洋哲学などと分断され、哲学者個々人に限定して論じられるのが常である。それぞれにいかなる共通性があり、いかなる差異があるのかほとんど論じられることはなかった。部分観の寄せ集めは決して全体観にはならない。

中村博士にして初めてできた全体的視点に立った思想史の集大成であり、労作である。さらには注釈の緻密《ちみつ》さ、文献・資料の豊富さなど、一般読者にとっても、専門家にとっても貴重な資料となっていることは言うまでもない。

それも、「全集」ではなく「選集」となっているのが驚異的だ。博士論文の「初期ヴェーダーンタ哲学史」の四部作も、それに加えた『シャンカラの思想』も、そこには含まれていない。いったい、どれほどの著作・論文を残されたのであろうか?

東方研究会が年に一回発行している学術誌『東方』の第一五号(二〇〇〇年)に中村の著作・論文目録が七十九頁にわたって掲載されている。邦文で書かれたものだけで千百八十六点、欧文で書かれたものが二百八十四点、英文著書が十数冊、合計して千四百八十数点となっている。これには、漏れているもののあるであろう。これが一人の学者の業績である。いかに桁外《けたはず》れであるかご理解いただけよう。年月を経るごとにその評価は世界的に高まることは間違いない。

決定版刊行の作業と同時進行の形で、私たちは博士の開設された東方学院で博士の講義を毎週拝聴するという幸せに恵まれた。自らの見聞されたこと——それはインドだけでなく欧米のこと、名だたる学者との思い出など、普段聞けない最先端の学問の話あり、ユーモア溢《あふ》れる体験あり、なんともいえない慈愛に満ちた講義であった。一主婦、一会社員の質問にも笑顔で懇切丁寧に答えてくださった。

一時、健康を害され、家族の反対を押し切って講義にお見えになったことがあった。それでも、話し始められると熱がこもり、予定時間を大幅にオーバーして話された。だれもが学問への情熱に感銘した。そうしたことを乗り越えてのこの度の決定版完結である。その陰には奥様・洛子夫人の多大なる貢献も見逃すことができないであろう。

（『仏眼』一九九九年九月十五日号）

昏睡状態での〝最終講義〟

この原稿を書き上げ、『仏眼』編集部に渡したころ、中村はまだ元気であった。中村が健康を害したのは、決定版の完結から一カ月後、八月末の平年より七度も高い猛暑が続いたころだった。医者は「この猛暑が過ぎれば……」と言っていた。九月初めには、お粥《かゆ》を食べるまでになった。しかし、この記事が掲載された九月十五日の時点では、中村は既に病床に臥していた。その夏の猛暑がよほど体にこたえたに違いない。掲載紙がわが家に届き次第、すぐに中村の自宅に郵送した。中村の長女の三木《みき》純子《すみこ》から、「『仏眼』の記事は、ベッドに寝ている父の横に置いて、家族で記念写真を撮りました」というメールが届いた。ところがその後、昏睡《こんすい》状態に陥り点滴を打つ状態がしばらく続いた。

昏睡状態に陥っても中村は、右手で何かを書くしぐさをしたりすることがあった。脳のなかでは最後の最後まで原稿を執筆していたのであろう。そんな状態が続いたある日、夜の十一時を回ったころ、中村の口から、「ただ今から講義を始めます。体の具合が悪いので、このままで失礼します」という言葉が出てきた。そばについていた訪問看護の女性看護師は、驚いて中村の顔を見たが、昏睡状態のままでしゃべっていた。淡々とした口調で講義を続け、最後に「時間がまいりましたので、これで終わります。具合が悪いのでこのままで失礼しますが、何か質問はございますか?」と締めくくったという。その講義は四十五分にわたっていた。その〝講義〟の最初と最後の言葉といい、時間の長さといい、筆者が長年、うかがってきた東方学院での中村の講義そのままであった。その場にいたのは、訪問看護の看護師だけだったそうだ。最初と最後の言葉以外は、聞いたこともない言葉が出てきて、何のことかさっぱり分からなかったという。以上の話を教えてくれた洛子夫人だけでなく、だれもがその場に居合わせなかったことを悔しがった。

松尾《まつお》芭蕉《ばしょう》は、旅先の病床で、

旅に病《やん》で夢は枯れ野をかけめぐる

と詠《よ》んだ。芭蕉の夢と同じく、中村の心も、昏睡状態にあっても最後まで東方学院での講義に駆け巡っていたのであろう。文字通りの〝最終講義〟であった。

「普遍的思想史の夢」の実行

中村が、「具合が悪いので……」と口にしたということは、自らの死を覚悟しての〝講義〟であったに違いない。中村が、自らの死を前にして最後に講義したことはいったい何についてであったのか? それは、だれもが知りたいことであるに違いない。筆者も、いろいろと考えを巡らせていたが、この原稿を書きながら、中村の『比較思想論』を読んで、「普遍的思想史への夢」という文字を目にして以来、その文字が気になってならなかった。本書の原稿を何度も推敲《すいこう》しながらこの文字を目にするたびに、この言葉に特別の思いが込められているのではないかという思いが高まってきた。そこで、はたとひらめくものがあった。自らのやるべきことを語るのに、中村が「夢」という情緒的な言葉を使ったのは、ここだけであったように思う。それだけ、中村の普遍的思想史にかける思いは大きかったのであろう。

東大を定年退官するときの最終講義は、「インド学、仏教学はエジプト学か？」というラディカルなテーマであった。それは、インドに代表される東洋の思想を「過去の残滓《ざんし》」程度にしか考えていない西洋の学者や、西洋かぶれの日本の学者に対する批判であり、東洋思想を正当に評価することを訴えたものであった。

そのような思いを東大の最終講義で語った中村である。昏睡状態での文字通りの〝最終講義〟で、中村は何を語りたかったであろうか……と、考えると、やはり中村自身が〝夢〟としていた、普遍的思想史についてであり、東洋思想の積極的な評価を打ち出すことであったのではないかと思った。

そこで、亡くなる三カ月前に完結させていた決定版「中村元選集」で最後に手がけたものが何であったのかを確認してみた。全四十巻のうち三十一番目から四十番目に出版されたものを順番に並べてみると、次のようになる。

一九九八年一月　　第一九巻『インドと西洋の思想交流』
一九九八年四月　　第七巻『インド史Ⅲ』
一九九八年五月　　別巻五『東西文化の交流』（日本の思想Ⅰ）

一九九八年七月　別巻六『聖徳太子』（日本の思想Ⅱ）
一九九八年九月　別巻七『近世日本の批判的精神』（日本の思想Ⅲ）
一九九八年十月　別巻八『日本宗教の近代性』（日本の思想Ⅳ）
一九九八年十一月　別巻一『古代思想』（世界思想史Ⅰ）
一九九九年二月　別巻二『普遍思想』（世界思想史Ⅱ）
一九九九年五月　別巻三『中世思想』（世界思想史Ⅲ）
一九九九年七月　別巻四『近代思想』（世界思想史Ⅳ）

一九九八年四月に本巻全三十二巻を終え、続いて九八年五月から別巻全八巻の出版が始まっている。その際、巻数としては、後半の別巻五から別巻八の「日本の思想」（Ⅰ〜Ⅳ）を先に仕上げ、その後に、前半の別巻一から別巻四の「世界思想史」（Ⅰ〜Ⅳ）を仕上げている。

その「世界思想史Ⅰ」である『古代思想』の序論を見ると、『比較思想論』で「普遍的思想史の夢」として発表していたことを「いま本書においては、それを実行しようとする」（『古代思想』、五頁）と記している。中村が人生の最後に「世界思想史」をまとめたのは、「夢」の「実行」としてであったのだ。中村は、それを仕上げて三カ月後に亡くなった。

中村は、普遍的思想史に取り組む目的をその序論で、

人類一般の平和と幸福という目的を達成するためには、世界諸民族間の相互の理解を促進しなければならない。そうして同じ人間であるという理解を起こさなければならない。（同、四頁）

と使命感をもって記し、そして、次のように呼びかけている。

われわれは、アメリカやヨーロッパの「思想的奴隷」であるみじめな状態から脱出することができるのである。哲学はギリシアから始まり、ドイツ哲学だの、英米哲学で絶頂に達したという呪縛《じゆばく》から脱れようではないか。

（同、二一七頁）

まさに、「インド学、仏教学はエジプト学か？」より一歩進んで、東洋思想の汚名返上、名誉挽《ばん》回《かい》の訴えである。

それでも、中村には、西洋哲学史の専門家が「西洋の思想が人類の思想史の主流的位置を占めてきた。だから西洋の思想史だけでいちおう足りる」と言ってくるのが目に見えていたのであろう。

この議論は次の論式とその論理構造において少しも異なっていない。――「近代国家としての日本をつくったのは薩摩《さつま》の人々である。だから薩摩藩の歴史だけ勉強しておれば、日本史を知るにはいちおう足りる」と。

（『近代思想』、五一〇頁）

と先手を打って反論している。

中村は、自らの「夢」としての普遍的思想史とこれまでの思想史との違いを、今までの多くの思想史・哲学史の類の説き方は、権威ありと認められている人々の思想の紹介ではあるかもしれないが、思想そのものの歴史とは言いがたいのではなかろうか。
（『古代思想』、二四頁）

と論じ、「個々の章節の名称が、従来の思想史・哲学史では固有名詞であったのに、ここでは思想的な観念を示す普通名詞でなければならない」（同、二五頁）ことを強調した。確かに、「世界思想史」Ⅰから Ⅳの目次を見渡しても、哲学者の個人名や学派名などの固有名詞は全く出てこない。出てくるのは、次のような普通名詞である。

「絶対者の探求」「原子論」「必然と偶然」「寛容」「エゴイズムの超克」「宇宙観」「真実の自己」「人間の平等」「慈悲——愛」「神秘主義」「国家主義」……。

「人間の平等」の東西比較

中村は、こうしたキーワードごとに東西の思想の「平行的発展」を比較・吟味しながら思想史をまとめた。その具体例として「人間の平等」の場合について見てみよう。

中村は、西洋とインドの平等思想を比較して、次のような相違点を指摘している。

西洋近代思想の一つの特徴的な主張は人間の平等ということである。しかし西洋におけるその主張が、人間はすべて神の前に平等であるというのに対して、インドのそれは、人間はその究

極の本性においては神そのものであるという見解にもとづいている。（『近代思想』、二七九頁）

このことは、中村が、『原始仏教の社会思想』において、

西洋においては絶対者としての神は人間から断絶しているが、仏教においては絶対者（＝仏）は人間の内に存し、いな、人間そのものなのである。（二六一頁）

と述べていたことと同趣旨である。

そして、次のような比較を展開している。

人種的差別待遇は、民主主義を標榜する国々においてかえって顕著である。〔中略〕皮肉なことには、カーストの国インドに発した平等論はその哲学的基礎づけとあいまって清新なものとして心に迫ってくるのである。（『近代思想』、二七九頁）

また、西洋人の平等思想に対するインド人の厳しい批判も紹介する。

インド人は西洋人の説く平等思想をてんで信用しない。彼らの平等論は実際問題として白人のあいだだけの平等論であった。インドなどアジア諸国で白人はいかに暴虐な行為を行なったことか。インド人は白人によって動物と同じように扱われた。彼らは言う、――過去のこの事実

をわれらは恕すであろう。しかし決して忘れることはできない、と。（同、二七八頁）

中村は、「白人のあいだだけの平等論」について、さらに「アジア人や黒人に対する西洋人の偏見は、近年まで存続している」（同、二七八頁）として、モンテスキュー（一六八九—一七五五）の言葉を引用している。

ここで問題にする連中（黒人奴隷）ときたら、足の爪先から頭の天辺まで真黒だし、鼻はぺしゃんこにひしゃいでいるから、これに同情するなということはほとんど不可能である。きわめて英知的な存在である神様が魂を、とくに良い魂を真黒な肉体の中に入れたもうとは考えられない。……この連中が人間であるとわれわれが想定することは不可能である。なんとなれば、もしわれわれがかれらを人間だと規定すれば、人々はわれわれ自身をキリスト教徒でないと信じはじめるであろうから。（『法の精神』）

さらに中村は、「愛の使徒のように言われているシュヴァイツァーでさえも、黒人をはっきりと侮辱している」（『近代思想』、二七九頁）と述べて、次の言葉を引用している。

原始的種族の土人が高等教育を受けることは、それ自体不必要なこととわたしは考える。（『水と原生林のはざまで』）

黒人は小児である。すべて小児には権威をもって臨まないならば何ごともできない。（同）

その上で、中村は、「インド人たちの眼からみると、西洋人の説く平等論はいかにも偽善的で、そらぞらしいのである」（『近代思想』、二七九頁）と論じている。

西洋において平等は、フランス革命の標語の一つに掲げられていたように、権利のための闘争を通じて表われた観念であった。それに対して、仏教の平等論は、労働や、教育、財産などに関する社会的権利の主張として論じられたのではなく、一人ひとりが「法」（真理）に基づいて「真の自己」に目覚め、智慧《ちえ》と人格の完成によって、自他ともに人間の尊厳に目覚めるという形で提唱された。それは「権利の平等」というよりも、「精神的・宗教的な意味での平等」であった。それが、近代西洋の平等の観念と異なる点である。

中村は、『原始仏教の社会思想』において、仏教の平等論が権利の主張という形でなされなかったことについて、

一般に近代の平等思想が見のがしている重大な問題点は、精神的宗教的な平等思想がなければ、社会的な平等は樹立し得ないということである。仏教では精神的な意味での平等を主張した。平等の主張が単に利己主義にもとづくものではなくて、人間のより高き生存を実現するための思想的基盤を提供するものとなるためには、仏教にいたっていちおう完成した平等論は大きな意味をもっている。（『原始仏教の社会思想』、九七頁）

と論じていた。

さらに、近代において、平等の主張が結果的に不平等という現実を作り出しているということも無視できないものであり、

真の平等は人間の我欲、偏執《へんしゅう》を超克するという方向において実現されるべきではなかろうか。原始仏教の平等論が依然としてとりあげられるべきゆえんである。（同、九八頁）

とも述べていた。人間の平等を考える上で、重要な視点を提示していると言えよう。仏教と言ってもいろいろあり、本来の仏教とは異なって、権威主義化してしまったり、呪術的になったり、迷信じみたものになってしまったものもある。それに対して、中村は原始仏教の平等論に注目していた。

それでは、日本の場合はどうかというと、次のように論じている。

日本では士・農・工・商の厳重な階級制度があった。〔中略〕人間の平等ということは、もともと仏教がその成立当初から主張したことであるけれども、日本の封建社会においてはその平等の意義が隠されて、むしろ階位的秩序のほうが強調されたが、すでに中世においても、日本天台の口伝《くでん》法門は人間の平等を主張した。しかし人間の平等を認めるということは、宗教的解釈の狭い範囲にとどまっていて、社会運動となっては発展しなかった。

（『近代思想』、二八一頁）

そして、中村は、西洋の平等思想に対するインドと日本の態度の違いを浮き彫りにしている。

> 平等の思想は、このように日本にもインドにも現われたが、両者のあいだには大きな差違がある。日本の知識人たちは西洋を手本として、西洋の模倣に努めるというかたちで平等の実現をめざしたが、インドの知識人たちは西欧を排撃し、自己の伝統へ復帰するという旗印のもとで平等の実現のために活動した。（同、二七七頁）

そして、

> すべての人間の平等という観念が、東洋の国々において、たとえ一般には行なわれなかったにしても、ともかく出現したということは、きわめて重要である。——特に、近代西洋では、モンテスキューのような知識人でも黒人について前掲のごとく「こんな黒い人間どもがそもそも人間であるなどと考えるのは不可能である」と言っているのを思うとき、アジア諸国における諸立言は非常に重要である。（同、二八三頁）

と、アジアの平等思想を再考することを訴えている。

以上、「人間の平等」というテーマについて見てきたが、他のテーマについても、中村の言う普遍的思想史の眼《め》で西洋思想史を比較・吟味して見直すと、西洋人が西洋的視点からのみ叙述していた従来の西洋思想史または哲学史において看過されていた諸問題が、新たに問題として取り出されてくる。（同、五〇八頁）

それとともに、

ヨーロッパ文明はいかにすぐれたものであろうとも、人類の歴史においてはしょせん局地的なものにすぎない。（同、五〇八頁）

ということが浮き彫りになってくる。中村の言う普遍的思想史の重要性が理解できよう。

こうして比較・吟味されることは、西洋の学者にとっても耳の痛いことであったのだろう。既に触れた *A Comparative History of Ideas*（比較思想史）の改訂版を一九九三年にイギリスのラウトレッジ社から出版したとき、中村は、その本を東方学院の講義に持参した。そして、「欧米では編集者の権限が強くて、『ここは納得できないから削れ』と言ってくるんですね。それを拒否して出版されないよりも、出版されたほうがいいと思って承諾しました」と悔しそうに話していたことも思い出される。この本について東大名誉教授の伊東俊太郎は、「これこそ比較思想の宝庫」（『比較思想研究』第四〇号、一六頁）と評している。

偉大な思想体系が生まれるための踏み石に

中村は、普遍的思想史について「なんとなく気づいて構想を立てたのは、大学院の学生のころであった」として、「多年にわたるわたくしの読書備忘録」に基づいて、「書いては書き直すという作業をつづけているうちに、もう五〇年近くたってしまった」と回顧し、「いつまでたっても満足できないが、これで『思想の平行的発展』についての課題の考究をひとまず終えたことにして、荷をおろしたいと思う」と一九九九年五月に『近代思想』（世界思想史Ⅳ）の「はしがき」に記している。

そして、『近代思想』の末尾の箇所で、

あまりにも大きな問題で、とうとう力及ばず、刀折れ、矢つきて、満身創痍《まんしんそうい》、力もつきはてて倒れてしまったというところである。

（『近代思想』、五一七頁）

と、書いた。中村は、それに続けて、「しかし降《こう》は乞《こ》うていない。なんとなれば、このような考察が正当だと思っているからである」（同、五一七頁）と記している。自らの信念を貫き、自分の考えの正しさを最後まで訴えている。

そして、この普遍的思想史について未来の研究者への〝遺言〟とも言える言葉を随所で述べている。それは、次のとおりである。

人類の思想史について新たな視点を与えることになれば、と念願している。

（『古代思想』、ⅰ頁）

将来における完成を期したい。

（同、ⅰ頁）

このような研究が、地球全体にわたる思想の見とおしに役立ち、世界の諸民族のあいだの相互理解を育てて、それによって人類は一つであるという理念を確立しうるにいたることを、せつに願うものである。

（『近代思想』、五一二頁）

そして、

この考察が将来わが国に偉大な思想体系の生まれ出るための踏み石となることを願っている。

（同、五一八頁）

という言葉で「世界思想史」、および決定版「中村元選集」の全体を締めくくっている。

中村は、比較思想学会の創立十周年記念学術大会（一九八三年）の記念講演で、十年間務めた比較思想学会の会長を交代するに当たって、

けっして悠々自適、閑静を楽しむというわけではない。依然として比較思想の学徒の一人として〔中略〕わたくしは〔中略〕「一番槍《いちばんやり》」になろうと願っている。

（『比較思想の軌跡』、四七〇頁）

と語っていた。その「一番槍」についても、

城攻めのときに敵に向かって真っ先に進んで行く。すると、真っ先に進むから矢が集中する。だから、一番槍は必ず死ぬといってもいい。生きては還れない。けれども、一番槍が進んでくれたために道が開ける。（同、四七二頁）

とも語っていた。中村の言う〝一番槍〟とは、中村の〝夢〟であった「普遍的思想史」の道を切り開くことであったのだろう。筆者の独断と偏見だと言われるかもしれないが、中村のこうした執念とも言える強い思いが〝夢〟となって、昏睡状態での〝最終講義〟になったのではないだろうか。

学者としての本望の姿で

中村が病床に臥したころから、筆者は、中村に紹介されたニューヨーク州立大学教授（当時）のケネス・K・イナダの勧めで仕上げた*Gender Equality in Buddhism*（仏教の男女平等思想、二〇〇一年）をニューヨークの学術出版社ピーター・ラング社から出版する準備を進めていた。その出版が決まって中村に報告した時、中村は、「確か、『男性原理と女性原理』という本を以前にいただきましたね。仏教においては、ジェンダーや、男女平等の問題はまだまだ手がつけられていません。これから重要になってくるでしょう。しかも、欧米に発信することは極めて大事なことです」と、アメリカでの出版をわがことのように楽しみにしてくれた。

一九九九年の八月に完成した原稿をイナダに送って、最終チェックをお願いした。イナダは、私

のささいな質問にも電子メールでこまごまと答えてくれた。

東方学院の受講者の方が、中村の病状を逐一伝えてくれたので、そのたびに、原稿の打ち合わせのためのイナダへのメールの末尾に、中村の病状を知らせた。

九月末に筆者の原稿が、イナダから航空便で送り返されてきた。多くの書き込みがあった。「中村先生のお見舞いのために十月四日に東京へ行きます」という手紙も添えられていた。原稿の書き込みについての質問はその時に受けるということだった。

東京・麻布の国際文化会館でイナダとマサコ夫人の二人とお会いした。五年ぶりの再会で話が弾んだ。原稿のことはもとより、イナダが仏教学を学ぶようになった経緯をうかがい、感銘した。イナダは、第二次大戦中、ヨーロッパ戦線に派遣された日系人442連隊の生還者であった。[1]その悲惨な体験から、哲学、なかんずく東洋哲学、特に仏教に関心を深め、鈴木大拙（一八七〇〜一九六六）の薦めで花山信勝、中村元のもとで仏教学を学び、東大で外国人初の博士号を取得した。

イナダ夫妻は、中村の自宅を訪問したり、マサコ夫人が洛子夫人の手伝いをしたりしながら、しばらく日本に滞在した。その間に、イナダの教示に基づいて筆者の最終稿が完成し、ニューヨークの出版社に送った。それは、一九九九年の十月九日のことであった。その翌日の午後、出先で携帯電話が鳴った。妻の眞紀子からだった。緊張した声で、「中村先生が亡くなられたみたい」と告げた。八十六歳であった。

中村は、自らの最期について一九八六年に出版された『学問の開拓』に、「わたくしは死の寸前まで机に向かい、自分のほそぼそとした研究をまとめ続けたいと願っている。筆をもったままコトリと息絶えれば、学者として、それはそれで本望であろう」（八一頁）と綴《つづ》っていた。まさに、その通りの学者として本望の姿であった。

『ソフィーの世界』に学ぶ

中村の密葬が、十月十二、十三の両日にわたって行なわれた。会場正面の向かって右側に、サールナートで発掘された穏やかな表情の「初転法輪坐像」の写真（表紙カバーの写真）が掲げられ、その左側に左斜め前向きで合掌する中村の写真があった。中村の依頼で写真家の丸山勇氏の作品を引き伸ばしたもので、中村が初転法輪坐像に向かって合掌している構図になっていた。

会場では、アメリカから来日していたイナダの姿を見つけて驚いた人が多かった。筆者が、中村の病状を逐一知らせていたことで、駆けつけてきたと聞いて、「植木さん、ケンによく知らせてくれた。ケンとはもう三十年来、音信不通になっていた」と東洋大学教授（当時）の川崎信定《かわさきしんじょう》が喜んでくれた。イナダと同じ年齢の三枝も再会を喜んだ。

告別式で棺《ひつぎ》の中に花を添える時、中村の胸にヨースタイン・ゴルデル著『ソフィーの世界』が置かれていた。その理由を三木純子にうかがって、中村の学問に対する姿勢を改めて教えられる思いがした。その思いを本間に伝えると、「植木さん、それを書いてください」と言われ、『仏眼』に次のようにしたためた。

生涯求道の中村元先生を悼む

印度学仏教学の世界的大家・中村元博士が十月十日に亡くなられた。八十六歳であった。前号で紹介したように七月に決定版「中村元選集」を完結させたばかりであった。一つの大きな山を越えたことでホッとしたところへ、この夏の猛暑。八月末に体調を崩し、病床に臥す毎日だった。前号の記事「決定版『中村元選集』の完結に寄せて」を家族の方々が喜んで下さり、先生の枕元に置いて記念撮影をされたと、長女の三木純子さんからうかがった。恐縮の限りである。

十月十二、十三の両日、アメリカから駆けつけたケネス・K・イナダ博士夫妻をはじめ、三枝充悳、前田專學、奈良康明、川崎信定、田村晃祐《たむらこうゆう》、森祖道《もりそどう》博士ら、中村先生の教えを受けた人たちをはじめ、東方学院関係者、身内の方々で密葬が行なわれた。

式では中村先生が日ごろから日課として朗読していた「三帰依文《さんきえもん》」と「生活信条」を参加者全員で唱和した。その「生活信条」の全文は次の通りである。

み仏の誓いを信じ　尊い御名をとなえつ、　強く明るく生きぬきます
み仏の光をあおぎ　常にわが身をかえりみて　感謝のうちに励みます
み仏の教えにしたがい　正しい道をききわけて　誠のみのりをひろめます
み仏の恵を喜び　互いにうやまいたすけあい　社会のためにつくします

その一言一句を噛《か》みしめながら朗読した。卓越した学者でありながらも、どこまでも謙虚で、慈愛溢れる中村先生の人柄の秘密の一端を垣間見る思いであった。

四十歳にして初めて難解なサンスクリット語を学び始めた私に、中村先生は「人生において

遅いとか早いとかということはございません。思いついた時、気がついた時、その時が常にスタートですよ」と励ましてくれた。それは、中村先生自身の信条でもあったのだ。

三十年近く前に出された「選集」に満足せず、大幅増補・改訂されて決定版「選集」を完結させた。八十歳の時の年初の講義で「今年は九冊本を出します」と言って、本当に分厚い本を九冊出した。二百字詰め原稿四万枚がなくなって、八年がかりで作り直した『佛教語大辞典』の話は有名だ。中村先生は、「やり直したおかげで、ずっといいものができました。逆縁が転じて順縁となりました」と語っていた。その『佛教語大辞典』についても、晩年には「まだまだ手を入れたいところがある」とも口にしていた。

中村先生は、文字通り最後の最後まで研究の集大成に挺身《ていしん》しておられたのだ。告別式で奥様の洛子夫人が、「主人は、自分の何よりも好きな勉強を生涯続けられて幸せだったと思います」と一言挨拶した。短いが、生涯求道《ぐどう》の中村先生のすべてを物語っている言葉だった。

お別れの時、開かれた棺の中の先生の胸の上にはヨースタイン・ゴルデル著・池田香代子訳『ソフィーの世界』（上・下）が置かれていた。「何でだろう?」。中村先生と『ソフィーの世界』――その組み合わせがなかなか理解できなかった。長女の三木純子さんにうかがうと、中村先生のお孫さんが持っていたその本に興味を示し、中村先生はお孫さんから借りて愛読していたそうだ。検査入院の時や、地方に出かける時、純子さんが、「荷物は何を入れますか?」と尋ねると、いつも「筆記具と『ソフィーの世界』」というのが答えだったという。純子さんは、「父が読みかけだったようなので、〝向こう〟でゆっくりと読めるようにと考えて、棺に入れてあげました」と話してくれた。

ペーパーバックのカバーは少し擦《す》り切れていた。哲学を分かりやすく書いたものとして、話題になった書である。中村先生は、日ごろから「分かりやすく説くのは通俗的で、わけの分からぬような仕方で説くのが学術的であるかのように思われているが、これはまちがいだ。分かりやすく説くのが学術的なのだ」とよく話されていた。この本についても、「これからの学者は、このように子どもや一般の人にも分かるように書かねばならない」「ワシも勉強せねばならぬ」と話されていたという。中村先生がこの書を愛読されていた事実を知って、改めて中村先生の学問への態度を教えられた思いである。

この精神を継承することが中村先生への追善《ついぜん》となろう。

中村先生のご冥福《めいふく》をお祈り申し上げます。

合掌

一九九九年十一月一日

（『仏眼』一九九九年十一月十五日号）

池田香代子の涙の感動と驚き

この記事を、『ソフィーの世界』の翻訳者である池田香代子に、逸早《いちはや》く知らせたくて郵送した。そして、池田からメールが届いた。十一月二十八日のことだった。それは中村の誕生日に当たり、中村の納骨の日であり、メールを受信したのは、その納骨が行なわれている時刻であった。

そのメールには、

『佛眼』をお送りくださり、ありがとうございました。なんだろうと思ってページを繰っていき、ご文章に行き当たって、ほんとうに驚きました。涙があふれました。とっさに、このような大碩学《だいせきがく》が、晩年、あの入門書を楽しんでくださり、行く先々にお持ちまわりになったとは。この本にたずさわった一人として、生涯、光栄に存じます。しかも、遠い旅立ちに、ほかにいくらでも、それこそいくらでもおありだろうに、あの本を故人にお持たせになったご家族のやさしいお心、故人とご家族の深い愛の絆《きずな》を思って、ご家族もまたすばらしい方々だと感じ入りました。

中村元氏は、私は直接ご本を読むような器ではありませんが、サンスクリットの詩のご翻訳は昔から拝見していました。友人にサンスクリット学者がおり、「日本には中村元しかいない」と常々言っていました。『ソフィーの世界』の編集者と監修者は、中村氏がお亡くなりになったとき、お噂《うわさ》をしていたそうです。その二人にもすぐさま電話で植木様のことを伝え、電話口でそれぞれに涙ぐんでしまいました。

池田香代子

と記されていた。

本間に、このことを伝えると、メールの内容をぜひ『仏眼』の「声の欄」に掲載したいとの申し出があり、池田に連絡した。すると、

わーっと思って書いたので、文章になっていませんが、でも姑息《こそく》な見栄《みえ》は中村先生には似つか

わしくないと考え、あれでよろしければいかようにもお使いくださいと、編集部各位にお伝えください。掲載してくださるなら、重ねて光栄に存じます。（できれば、植木さまが私のメールを先生のお誕生日の、納骨の時間に受け取られたとのエピソードもそえることはできませんか……）

との連絡をいただいた。

そして、「『ソフィーの世界』を中村先生の棺の中に入れられたということは、現在、中村家にその本はないということですね。中村先生のお宅に届けてください」というので、中村家とわが家に各一部ずつと、中村家への手紙を添えてわが家に送ってくださった。きれいな紙とリボンで包装されたその本を中村家に届けた。

ものの見方、考え方が身につく本

中村は不帰《ふき》の人となった。しかし、膨大な著作を残した。その著作や、決定版「選集」を改めて読み返していて感じることがある。知識を増やしてくれる本がある一方で、ものの見方や、考え方を身につけさせてくれる本がある。筆者は、本で重要なものは、後者だと考えている。知識を断片的に増やすだけでは、クイズ番組の答えをたくさん覚えるようなもので、応用が利かない。創造的飛躍もない。中村の本を読んでいると、直接的に知りたいことは書いてないかもしれないが、中村の論理展開や、ものの見方、考え方がおのずから身について、それを応用すれば、その答えの道筋が見えてくるということが何度もあった。

　お茶の水女子大学に博士論文を提出した後の口頭試問で、審査に当たった教授たちから、ため息が出るほど多くの〝難題〟を課された。その〝難題〟を頭のなかの〝引き出し〟に入れたまま、決定版「選集」や中村の本を何気なく読んでいると、その〝難題〟に直接的には触れていないが、普遍的視点が開けてきて解決のヒントが何度もひらめいたことを覚えている。その時は、中村と対話をしているかのような錯覚に陥ったものである。それは、「普遍的思想史の夢」を探究し続けた中村の普遍的視点が、読む人の思考を触発するからであろう。

『大辞典』改訂のために残された十万枚のカード

中村のもう一つのライフワークは『佛教語大辞典』の編纂《へんさん》であろう。筆者が、中村の講義を受け始めて六年目の一九九七年、中村が、『佛教語大辞典』のさらなる改訂を示唆したのには驚いた。中村が八十四歳のことであった。

　原稿紛失騒動の後、初めからやり直して八年がかりで完成させたあの『佛教語大辞典』について、「あれは、まだまだ不本意です。これから作り直します」と発言した。その言葉には、その作成秘話を知っているだれもが驚いた。『佛教語大辞典』の原稿には、出典をたくさん挙げてあったが、編集を担当した国文学者に随分と削除されてしまったというのだ。「その原稿を保管してなかったのが残念です。出典などを詳しくする改訂作業をやっています」と語った。

「中村元選集」を旧版から決定版へと大幅に増補・改訂して、亡くなる三カ月前に完成させたのを見ても分かるように、中村にとって、一つの完成は「終わり」なのではなく、次の改訂への「始まり」であった。『佛教語大辞典』もまた、そうであった。

その中村が、一九九九年十月十日に亡くなった。改訂は間に合わなかった——かと残念でならなかった。ところが、中村の書斎には語彙《ごい》と出典を記したカード約十万枚が残されていた。旧版「中村元選集」の作業と並行して『佛教語大辞典』の作り直しに取り組んでいたのと同様、中村は、決定版「中村元選集」の作業と並行して『佛教語大辞典』の改訂に最後の最後まで取り組んでいたのだ。そこには、『大乗起信論』『高僧法顕伝』『大智度論』『原人論』『摂大乗論』『菩提行経』『唯識二十頌』『大唐西域記』から採取したものも含まれていた。それは、東方学院の講義で中村がテキストとして用いていたものであった。筆者たちに講義をしながら、そこで見つけた箇所も出典として拾い出していたのである。

『大唐西域記』の講義で、烏仗那《ウッディヤーナ》国の嗢呾羅犀那《ウッタラセーナー》王の故事（大正蔵、巻五一、八八三頁）が出てきた。釈迦《シャカ》族の男性が、烏仗那国に至り、疲れて池のほとりでうたた寝をしていた。池に住む龍《りゅう》の娘が散歩していて、男に気づいた。龍の姿では不釣り合いだと思い、人の姿になって男を揺り起こした。二人は睦《むつ》まじくなり「野合《やごう》」を遂げた。二人の間に生まれた子が王となったという話だ。

中村は、「政権を批判する言葉に〝野合政権〟というのがありましたが、その出典はこんなところにあったんですね」と笑いながら話していたが、『広説佛教語大辞典』に「野合」という項目が追加され、『大唐西域記』のこの箇所が出典として挙げてあった。中村は、講義を進めながら、出典探しもしていたのだ。

その十万枚のカードをもとに東方研究会の研究員総がかりで編纂作業が行なわれた。そして、二〇〇一年に『広説佛教語大辞典』（全四巻、東京書籍）が完成した。

これは、三十年がかりで完成した『佛教語大辞典』（一九七五年）を大幅に改訂したものである。

旧版の四万五千項目のうちの二万項目に加筆・修正を加え、さらに八千項目が追加された。インド・中国・日本の文献から言葉を採取し、出典を明記していて資料的価値が高い。パーリ語、サンスクリット語、チベット語の原語も明記されている。

三回忌を前に完成した『広説佛教語大辞典』四巻は、『佛教語邦訳辞典』から数えて、五十年以上にわたるライフワークの一つと言えよう。「世界で最も詳しい辞典」と言われていた『佛教語大辞典』が、語釈も出典も格段に充実して『広説佛教語大辞典』として生まれ変わったのだ。その後、二〇一〇年には四巻を二巻に縮刷した『縮刷版　広説佛教語大辞典』（東京書籍）が出版された。

出典を多数挙げたこの大辞典の意義は、次の例で理解されよう。東方学院で長年、主事を務め、『広説佛教語大辞典』の編纂にも携わった東方学院主事（当時）の堀内伸二は、『佛教語大辞典』の「我」という項目に挙げられた意味の一つに「自我に対する執着」があることに注意を喚起している。「我」という語の意味として「自我」だけなら分かるが、「……に対する執着」の部分は、「我」から出てくるはずがない。誤りではないかと疑問を抱きたくなる。ところが、「自我に対する執着」の後に、「ātma-grāha〈『金剛経』㊅八巻七五二上〉」というように原語とその出典が挙げられている。それを見ると、なるほどとうなずける。『金剛般若経』のサンスクリット原典にātma-grāhaとあったのに、漢訳の際に文字数の制約から、grāha の部分が省略されて ātma-（< ātman）の「我」のみで漢訳されたことがここに読み取れるのだ。中村が出典を挙げることを重視していた理由をここにうかがうことができよう。

註

（1）ケネス・K・イナダ博士の戦争体験と、仏教学を学ぶことになった理由については、次の小論を参照。植木雅俊著「あるハワイ日系二世の戦争体験と仏教」、『大法輪』、二〇〇二年十二月号、一八六〜一九一頁。
ケネス・K・イナダ著／植木雅俊訳「張り詰めた状況での人間の極限状態と、ハワイ日系二世による仏教の探究」、『東方』、第一八号、東方研究会、二〇〇三年、八七〜一〇八頁。

ケネス・K・イナダ著／植木雅俊訳「鈴木大拙博士の思い出――私の仏教への方向転換」、没後四十年記念寄稿集『追想　鈴木大拙』、公益財団法人松ヶ岡文庫、二〇〇六年、一一〇〜一一八頁。

第十一章　中村元の遺志の継承

中村は、東方学院での最晩年の講義では自らの病状を語るとともに、学問推進の場としての東方学院にかける思いも語った。

最晩年の講義

学問を究めたいという、これだけの方が押しかけてくださいます。何かお応《こた》えしたいと考えています。本当の学問とは、それを求める人が核となって次々と発展していくことが多いのではないかと思います。（イスから立ち上がって、黒板にアルファベットを書きながら）英語の表現ではサークル（circle）、インドではサダン（sadan）、西洋では新しい学問が起こる時はサロン（salon）が中心でした。サロンと言うと、遊び戯れることを連想されるかもしれませんが、そうではありません。ルネサンスの時も、サロンやサークルが力を果たしました。日本にそういうものがなかったかというと、大坂の町人たちが中心となって創《つく》った懐徳堂があります。その講師の一人が「大乗非仏説」を唱えた富永仲基です。それは、公立の藩校とは違います。日本では公立の藩校からは独創的な研究は生まれませんでした。インドではサダンを中心にシク

教などが起こった。そういうところで、新しい学問が推進されるのです。（一九九八年十月）

中村は、東方学院から独創的な研究が生まれることを願っていたのであろう。

さらに、中村の話では、東方研究会・東方学院の事務局が、「学問所」の正式名称を持つ湯島聖堂のすぐ近くにあることを重視していた。そして、多くの大学が都心部から離れていくなかで、東京のど真ん中に踏みとどまるべきだと何度も強調した。

一九九八年後期の講義では、初めに中村がひとこと話し、その後に若い研究員たちが講義するという形式を取るようになった。一九九九年になると、自分の体調から予定が思うようにならないと発言することが多くなり、若い人に講義をしてもらうことの意義を語るようになった。

この前、事務局の若い人に話してもらったら、非常に好評だった。私のような老人はもう引っ込みなさいということかもしれない。（一九九八年十月）

この湯島聖堂は、昌平黌《しょうへいこう》の跡で、かつては東京高等師範学校附属中学校がありました。私は、そこを卒業しました。ここでは、学生でもない、先生でもない、〝教生〟と呼ばれる若い学究が教えていました。私も若い教生たちに教わりました。若い人を登用しようとした明治の人たちの意気込みを感じます。外国では高等師範学校があって実験をされる。若い人が張り切って講義をする。フランスのエコール・ノルマールはそれだった。それにならって、若い先生に講義をしてもらうことにしました。（一九九九年二月）

中村は、残された時間を惜しむようにして教壇に立っていた。

皆さんにお会いできる機会も限られています。皆さんにお目にかかれることが、私にとって最大の喜びです。病気になってしまい、きちんと予定を立ててお会いすることができない。そこで、私よりももっと若い俊秀の学者に登場願えば活気を呈した講義に触れることができる。私の老いぼれた老軀《ろうく》をお目にかけるよりも、新鮮な学風を生きのいい若い学者が紹介してくださるのは有意義です。

（一九九九年二月）

こうして、中村の体に無理にならないようにという意向もあり、中村の講義は次第に筑波大学名誉教授の三枝充悳《さいぐさみつよし》、東大名誉教授の前田專學や、原実《はらみのる》、明治大学教授の阿部慈園《あべじおん》などに代わりにやってもらったり、若い研究員たちの発表の機会として利用するという形を取るようになった。中村は、最初に十数分ほど、その講師の業績などを紹介したが、東方学院の後世を託すという思いを込めて話しているのが、だれにも理解できた。

「断じて解散してはなりません」

第十章で述べたように、決定版「中村元選集」を完結させた一カ月後の八月末に中村は体調を崩した。中村が昏睡《こんすい》状態に陥る前に、東方研究会・東方学院を今後どうするかということで議論になった。中村亡き後の大変さは、だれにも分かっていた。

一高時代から親交があった中村敏夫氏（向かって右から２人目）宅にて。その左側が中村元氏

病床で聞いていた中村は、家族や弟子たちに大変な苦労をかけることを気の毒に思ったのであろう。中村が、「家族や弟子たちにそんな負担をかけるとは……。私一代で終わってもいい」という趣旨の話をしたという。

長女の三木純子は、「父の具合が徐々に悪くなってきた頃、毎晩のように東方研究会・東方学院をこの先どうしようかと家族で話しました。おろおろする母と、悩む父の姿を見るのはとてもつらいものでした」と語った。両親の苦悩する姿を目にして、思い余って三木は、父親の一高以来の友人であった中村敏夫に電話で相談した。中村元の思いを痛いほど知り尽くしている中村敏夫は、真剣な声で「断じて解散してはなりません。東方学院には、元さんだけでなく、沢山の人の願いがこもっているのです」と語ったという。その中村敏夫は、その後すぐに中村元より一カ月先に亡くなった。その言葉が、中村敏夫の遺言になった。

学院存亡の緊迫状況を乗り越えて

中村亡き後、一九九九年の末に洛子夫人が東方学院理事長に就任し、第二代東方学院長に三枝充悳、東方研究会常務理事に前田專學といった顔ぶれで、中村の遺志を継いで東方研究会・東方学院を存続・発展させていくことになった。二〇〇一年一月に東方学院総務の阿部慈園が亡くなった後は、長女の三木純子が後任となった。

東方学院の歴史において阿部慈園のことを忘れてはならないであろう。阿部は、中村を大変に尊敬していて、東方学院総務として中村を支えてきた。物腰が柔らかく、だれに対しても公平で、後進の面倒をよく見ていた。中村の思いを全身に受け止めて、東方学院の発展に心を砕いてきた人を失ってしまった。五十三歳という若さであった。「大学者の晩年の教えが重要です」と、中村の講義には、いつも明治大学から駆けつけて、一番後ろの席で聴いていた。その姿が忘れられない。

三木は、東方学院で中村の講義がある月曜と木曜日には、予定を入れずに中村を送り出すことに長年、専念し、中村を支えてきた。中村の没後、初めて東方学院の室内に入って驚いた。主婦の眼から見たら、各部屋があまりにも狭く、汚く見えた。スリッパも古くて破れそうだった。やむなく、新しいスリッパを数足買ってきて備えた。それを履いた人が、「暖かくて気持ちいい」と言って、他のスリッパも取り換えてくださいと寄付してくださった。受講者たちとのこうしたやり取りを通じて、三十年以上の歴史を刻んだその教室で多くの人たちが学び、巣立っていったことに思いを馳せて胸が熱くなった。中村の東方学院に賭ける思いも痛感した。

二代目の学院長となった三枝は、東方学院を開設する前から、中村からいろいろと相談を受けたり、東方学院運営の手伝いを依頼されたりしていた。東方学院にかける中村の思いを最もよく知る人であった。

一九七三年のこと、三枝は、中村が定年退官する直前に中村の自宅に呼ばれた。中村から「いろんな大学から学長として呼ばれているが、それを断って寺子屋のような塾を始める。国籍などを問わないから、もしドイツ人が来たら君が対応してくれ、英語の人が来たら僕が相手をする」と言われた。もちろん中村は、ドイツ語はぺらぺらであるけれども、三枝がドイツに留学して学位を取っていることを配慮して、このような表現で東方学院を手伝ってくれと言った。

三枝は、中村亡き後、自らも鳩摩羅什訳『法華経』の講義を担当するとともに、一九九九年から二〇〇三年まで、学院長として中村の築いてきた東方学院の維持、発展に尽力し磐石《ばんじゃく》な基礎を築き、八十歳となったのを機に勇退した。二〇〇五年三月の新春会での最終講義で、三枝は、中村が亡くなる直前、直後の緊迫した状況を振り返りながら、「何としても中村先生の遺志を継承して、今後とも学院を発展させていかなければならない」と締めくくった。また、「まず、借金をしない。だからと言って余分の財産もないというのが東方学院のやり方でした」と振り返った。

その後には、前田專學が三代目の東方学院長に就任した。特に中村の生誕百周年に当たる二〇一二年には中村元記念館のオープン、講演会、出版など記念事業が多角的に盛大に遂行された。中村の主だった著作が多くの出版社から復刊されたのも、その記念事業の一環であった。

東方学院の理想を実現した人

中村の東方学院に託した理想を実現した人として、石井義長を挙げなければならない。石井は、NHKを定年退職した後、博士号を取得することに挑戦した。そのために、東方学院で筆者と机を並べて中村の講義や、サンスクリット語の講義に参加した。ただ、既に述べたように東方学院では学位を取得することはできない。どこか他の大学に論文を提出するしかない。石井は、東洋大学文学部仏教学科に社会人大学院生として在籍して、東洋大学で文学博士の学位を取得した。

その途中には、大きな難関が待ち受けていた。修士論文を執筆中に舌ガンが見つかり、手術を受けた。小さな文字を書くことができず、カレンダーの裏にサインペンで大きな字で論文を執筆した。それを好子夫人が原稿用紙に清書した。図書館からの資料借り受けも夫人が奔走した。こうして、修士号を無事に取得し、さらには二〇〇〇年に博士号も取得した。その学位論文は、『空也《くうや》上人の研究――その行業と思想』（法蔵館）として二〇〇二年に出版された。

学生時代は、仏教学とは関係ないジャンルの学問をし、社会人としての活動の中で仏教学に関心を持ち、東方学院で中村の講義を受け、さらに学位取得を目指すということは、中村が考えていた「偏狭なアカデミズムを超えて在野の人が学ぶ」「仏教学は象牙《ぞうげ》の塔に閉じ込めてはならない」という東方学院の理想をそのまま実現したことに当たる。石井は、そういう意味で先覚者だといえよう。

三木純子は、「専門家も、専門家でない人もともに仏教について学ぶという父の東方学院創設の理念の実現であり、父も喜んでいると思います」「これからも、学閥・宗教・宗派などにとらわれないで、謙虚に学問をなさる方々のお手伝いができれば、私ども東方研究会も幸せだと思いました」と著者へのメールに記した。

既に触れた最終講義の後、三枝は石井のことを、「東方学院に対する中村先生の理想を実現してくれた」と評した。

石井の存在は、筆者にとっても大きな励みになった。というのは、筆者は、中村が亡くなる約一年前の一九九八年六月に、中村から「博士号を取りなさい」と指示されていたからだ。

第十二章　この夫人ありて、中村元あり

没後一カ月の中村家訪問

一九九九年十一月六日に中村の本葬が築地本願寺で行なわれ、京都から駆けつけた本間昭之助・量恵《かずえ》夫妻と、その知人の吉川和子、そしてわが妻・眞紀子と一緒に参列した。その後、銀座で食事しながら、本間夫妻から中外日報の記者時代のころから見てきた中村の思い出をいろいろと聞くことができた。それは、本書の随所に反映されている。

その翌日、妻が、「本間さんの奥様は、中村先生の奥様にご挨拶《あいさつ》したかったんじゃないかしら」と言った。確かにあまりの参列者の数の多さで、個人的な挨拶などできる状況ではなかった。妻の言葉が気にかかり、三木総務に電話した。量恵夫人の思いを伝えると、「母は、随分と元気になりました。私も妹も母の家にいますので、ぜひいらしてください」と言った。

こうして、八日に量恵夫人を案内して、中村家を訪問した。玄関に中村の遺影と遺骨が安置され、天皇陛下からの花束が添えられていた。玄関の左脇《ひだりわき》の部屋で種々の思い出話に花が咲き、涙を浮かべたり、笑いがはじけたりしながら数時間を過ごした。

洛子夫人は「自分が医者でありながら、主人の死を全く考えていませんでした。これまで患者の

死が近いことを家族に告げたりしていながら、自分の主人のことになると、いつまでも生き続けると思っていたのか、まさか死ぬなんて考えてもいませんでした」と語った。「十月十日の午前十時四十五分、主人の腕の脈を取ると、それがないのです。おなかの脇は脈を感じ取りやすいものですから、あわててそこの脈を測ると、あったのでホッとしました。しかし、それを感じているうちにスーッと脈が消えていくのが分かり、恐《こわ》くなりました」とその時のことを思い出しながら話した。

中村夫妻と本間夫妻で中国へ行った時のこと、韓国を訪問した時のこと、日中仏教学術会議で京都や北京で一緒だったことなど、夫人同士で思い出話に花が咲いた。

中村と、中国社会科学院世界宗教研究所所長（当時）の任継愈《にんけいゆ》教授、中外日報社長（当時）の本間昭之助の提唱で開催されていた日中仏教学術会議では、いつも洛子夫人と量恵夫人は一緒だった。その第一回会議が京都で開催され、終了後の懇親会でのことを量恵夫人は懐かしそうに語った。それは、中村が、中国の人たちに夫人を紹介するのに、「家内は、中村洛子と申します。洛子の洛は、洛陽の洛と書きます」と話したというのだ。「その時の中村先生のお顔は、満面に笑みをたたえて、本当に嬉《うれ》しそうでしたね」という量恵夫人の言葉に、洛子夫人も嬉しそうに笑った。

中村の書斎にも案内していただいた。あの泥棒が入った部屋だ。体調を崩されるまでそこで仕事をしていたという。「その時のままですか？」と尋ねると、「はい。でも、もっと散らかってました」と。散らかし方だけは筆者のほうが勝っていた。書庫にも入れていただいた。決定版「中村元選集」が七月に完結したが、最後の最後までゲラに目を通されていたという。

洛子夫人に対する感謝

二階の応接室でお茶をご馳走《ちそう》になりながら、話をしていて、何気なく右側の二つ並んだ書棚に目がいった。洛子夫人が、「主人の著作の本棚です」と教えてくれた。その一冊一冊のタイトルを見ながら、中村の業績の膨大さに圧倒された。NHKのテレビの台本も保管されていて、取り出して見せてくれた。そこには、赤いペンで自分が話すことのメモが余白に書き込んであった。

その書棚に拙著『マザー・テレサと菩薩の精神』（中外日報社）が入っているのを見つけて、驚いた。洛子夫人が取り出して見せてくれたが、なんと二カ所に紙が挟んであった。そこを開くと、それぞれに「東方研究会創設三十周年を祝す」と「この夫人ありて、中村先生あり」という見出しがあった。前者は、第八章で既に触れたように、三十周年の新春会に間に合うように書いたもので、本間の配慮で「中外日報」の社説として掲載されたものだ。その二カ所に紙を挟んでおられたということで、中村が東方学院を創設し、維持・発展させてきたことをいかに喜んでいたかということを痛感した。それとともに、洛子夫人に対する感謝の思いを抱いておられたことも垣間見《かいまみ》させていただいた思いだった。

この時、うかがった話や、東方研究会創設三十周年記念の新春会でのことなどを踏まえて、「私の出会った二人の賢夫人」という次の文章をまとめ、『仏眼』に掲載してもらった。

私の出会った二人の賢夫人〈中村洛子夫人のこと〉

「私の出会った賢夫人」の一人として、前回は、作家の井上靖《いのうえやすし》氏（一九〇七〜一九九一）の夫人、井上ふみさんのことを書いた。今回は、故中村元博士夫人の中村洛子さんを紹介したい。

洛子夫人が、中村先生と結婚することになったのは、「あんなに大きな声で笑う人に悪い人はいない」という父親の言葉があったからだった。結婚したのは、終戦一年前の一九四四年八月十日のことであった。敗戦までの一年間は、東京への空襲が激しく、その度ごとに、中村家代々の家宝となっている鎧《よろい》と、中村先生の大量の原稿を防空壕《ぼうくうごう》に運び入れたり運び出したりする作業に追われた。

中村家は厳格な武士の家だった。姑《しゅうとめ》は、それが誇りであり、自らご主人の後に三歩下がって左を歩く人だった。洛子夫人も、そうするように言われたそうだが、「十歩先の右側を歩いてました」と笑いながら話された。その笑顔に、辛いことも笑いで乗り越える強さと賢さを見た。

中村先生を語る時、必ずと言っていいほど出てくるエピソードが、『佛教語大辞典』の原稿（二百字詰め）約四万枚がなくなった時の話だ。出版社の引っ越し騒ぎの中で行方不明になってしまったのだ。中村先生は、呆然《ぼうぜん》とするばかりだった。その時、洛子夫人は、「やり直すのは早いほうがいいわよ」とただひとことだけ言った。親友で弁護士の中村敏夫氏も「早いほうがいい」とひとこと言った。二人ともそれだけ言って後は何も言わなかった。中村先生はそのことに非常な意味を感じ取って、「とにかくやり直そう」と立ち上がった。多くのお弟子さんたちの協力はもとよりだが、洛子夫人は、原稿の清書を手伝われた。そうして、八年がかりで完成した。

「結婚するまでは、印哲（インド哲学）なんていう言葉は聞いたこともなかったんです。主人が書いたサンスクリット語の文字を見て、『変な落書きをして！』と思っていました」

そんな洛子夫人は、『大辞典』以外の中村先生の原稿の清書も手伝っていた。昨年、中村先生の著作の集大成である決定版「中村元選集」全三十二巻、別巻八巻が完結した背景には、洛子夫人の多大なる貢献があったことも見逃せない。

「おかげで、いろいろと専門用語を覚えました。ブラフマ・スートラだとか、アーガマだとか……」

洛子夫人は、医者である。皇太子・浩宮さまが学習院幼稚園に通われていた時の、学習院の医務室に勤務されていた。ご自宅にお伺いした時、ご幼少の浩宮さまに優しく話しかけておられる写真を見せていただいたことがある。

晩年の中村先生は、何度か体調を崩されることがあったが、その度に不死鳥のように元気になって、東方学院での講義を続けられた。医者として、洛子夫人が中村先生の健康管理を心がけておられた。洛子夫人自ら、中村先生に階段の昇降、膝《ひざ》をついての腕立て伏せなどの〝特訓〟をなされたという。

一九九七年三月二十四日、東方研究会創設三十周年を記念する新春会が、東京のフェアモント・ホテルで開かれた。中村先生は、東大を退官されるや、私立大学の学長として迎えたいという話を断り、東方学院の運営に専念した。自ら、〝寺子屋〟〝財のない財団法人〟と呼ばれ、政府の援助を一切受けることなく、学問の自由を掲げて、自立した研究機関としての在り方を追求してきた。その三十年で、東方学院の存在は国内外に知れ渡り、多くの人材が輩出した。

その祝いの席で、珍しいことに洛子夫人がマイクをとって挨拶をされた。そのほほえましい話に全参加者が耳を傾け、感銘を新たにした。

「私は、子どものころから親に逆らったことがありません。お見合いをして、『あんなに大きな声で笑う人に悪い人はいない。お嫁に行きなさい』と父に言われて結婚しました。勉強が好きな人ってあまりいないと思いますが、主人は本当に勉強が好きで好きでたまらない人なんです。私なんかより勉強と結婚すればよかったんです（笑い）。結婚当初、冬に火鉢に炭を入れて、『火が弱くなったら炭を継ぎ足して下さいね』と言って先に寝て、夜中に起きてみると、火鉢の火が消えたままで勉強しているんです。その机も小学校でも使わないような小さな机なんです」

といった話であった。結婚当初の家庭における中村先生の日ごろの姿をうかがって、会場が和やかな雰囲気に一変した。

「海外にもいろいろ連れていってもらいましたが、勉強が好きで好きでたまらない人ですから、遊びなんて何にもないんです。ディズニーランドのディの字もありませんでした」

と笑顔で話す洛子夫人。その話を、すぐそばに坐《すわ》ってニコニコ、ニコニコと聞いておられる中村先生。お二人の姿にだれもがほほえましいものを感じた。そのユーモアに満ちた洛子夫人の話のフィニッシュは、

「こんな結婚生活でしたが、一つだけ心から納得していることがあります。それは、主人が東方学院を創《つく》ったことでした。〝教えたい人が教え、学びたい人が学ぶ〟——この精神は、教育で最も大切なことです」

だった。その言葉に、全参加者が真剣な表情に変わった。

「この夫人ありて、中村先生あり」

という思いを抱いたのは私だけではなかった。

そのもようを原稿にまとめた。それは、『マザー・テレサと菩薩の精神』という本に収録された。中村先生の本葬が終わって二日後に、中村家を訪ねた時、一階の応接室に置かれた本棚に中村先生の著作に混じってその本が入っているのを見つけた。二カ所に紙が挟まれていた。その一つは、「この夫人ありて、中村先生あり」の個所《かしょ》であった。

そういえば、一九九八年の三月末に京都の恩人である本間昭之助氏の遣いで東方学院へ中村先生を訪ねた折、中村先生は、おいとまする私をエレベーターのところまでわざわざ見送りに来てくださった。私がまさにエレベーターに乗ろうとする間際に、思い出されたように、

「そうだ、植木さん、『マザー・テレサ〜』の本に私の家内のことを書いてくださいましたね。どうも、ありがとうございました」

とおっしゃられ、深々と頭を下げられた。それには、さすがに私も恐縮してしまった。

後で中外日報の記者から聞いた話だが、その拙著『マザー・テレサと菩薩の精神』を中村先生が数十冊注文され、日野原重明氏（財団法人聖路加国際病院理事長、同名誉院長）などの友人の方々に配られたという。その日野原先生が、「マザー・テレサを菩薩として見るのは素晴らしいことですね」とおっしゃったということも、その記者から聞いた。中村先生は、決してそんなことを自分から話される人ではなかった。

後日、日野原先生から手紙をいただいた。仏教の女性観を論じた拙著『仏教のなかの男女観』（岩波書店）について、「このように女性を考えた釈尊の偉大さに打たれます」と記してあ

った。

　中村先生は、奥様に対して無上の感謝をされていたのであろう。おそらくそれを奥様に向かって口に出されることはなかったかもしれない。それで私の書いたものを使ってくださっていたのであろうか。

　そして、エレベーターの前での先生の言葉を奥様にお伝えし、「中村先生は、奥様に大変に感謝されていたんだと思います」と申し上げた。

「そんなことは初めて聞きます」

と、洛子夫人は驚かれていたが、嬉しそうであった。

　中村先生がお亡くなりになって、もう五カ月にもなる。ご自宅の応接室で洛子夫人は、

「主人はどこかに講演に出かけていて、今にもそのドアを開けて、『ただいまあ』と帰ってくるような気がしてるんですよ」

と、話されていた。

　中村先生亡き後、三枝充悳先生が東方学院の院長に、前田專學先生が東方研究会常務理事に就かれ、そして洛子夫人が中村先生の遺志を継いで理事長に就任された。いずれも東方学院の最大の理解者であり、中村先生もお喜びになって、さらなる発展を見守られていることであろう。

　　　　　　　　　　　　　　　（『仏眼』二〇〇〇年三月十五日号より）

二〇一〇年六月四日に安らかに

その後も時々、中村家を訪れる機会があった。ニューヨークの出版社から *Gender Equality in Buddhism* が出版された時は、妻とともに真っ先に中村の霊前に届けに伺った。洛子夫人は、目に涙を浮かべて、「主人が元気だったら、どんなにか喜んだことでしょう」と言った。

二階の部屋の壁には、中村の名著『東洋人の思惟方法』の英語版 *The Ways of Thinking of Eastern Peoples* がジョンソン大統領に贈呈される場面の写真があった。中村と洛子夫人の何ともいえない笑顔の写真も数枚飾られていた。東方学院の受講者とのバス旅行の時の写真で、中村夫妻が木陰でソフトクリームを召し上がりながら満面の笑みで写っておられた。また、二人が仲良く肩を組んでおられる写真もあった。聞くと、海外の学者が「はい、肩を組んで」と言って撮ってくれたそうで、二人はニコニコしていた。筆者の妻が、「何とも幸せなお二人だったんですね」と言った。本当にそうだと思った。

洛子夫人は、いろいろと中村のエピソードを懐かしそうに語った。

「勉強している時は、周りでどんなに音がしても無頓着《むとんちゃく》でした。『はい』『いいえ』で答えられることはいいですけど、主語と述語の伴う文章で返事をしなければならないようなことで声をかけられるのを嫌がっていました」

長女の純子がまだ乳幼児のころ、家に置いて出かけなければならないことがあった。しばらくして泣き出したが、泣き喚《わめ》いているのも気づかずに、中村は勉強していたそうだ。隣の奥さんがたまりかねて、「私があずかります」と娘さんを連れていったという。

宇井伯壽から叱《しか》られながらも千坪の土地を売却せざるを得なかったことについても、「主人はけっこう義理堅いところがありました。大学院生のころ松江にあった先祖伝来の千坪の土地を全部売り払ったことを、先祖に申し訳が立たないと言って、同じ土地ではありませんが、少しずつ買い足して、千坪分を買い戻そうとしていました。それも、墓地の土地も計算に入れてですけれども……」

それから三年経った二〇〇四年の三月、お茶の水女子大学に提出した博士論文が『仏教のなかの男女観』として刷り上がり、岩波書店で受け取って、妻とともに中村家へと直行した。三木純子が出迎えてくれた。その本を中村の霊前にお供えし、龍《りゅう》をあしらった韓国製の鐘を鳴らして合掌し、本ができたことを報告した。その鐘は、中村夫妻が本間夫妻とともに韓国を訪問した時、記念にいただいた聖徳大王「神鐘」（国宝29号）のレプリカだった。

合掌して仏壇に供え終わると、三木が言った。「父はここにいません」「えっ、どちらに？」「多磨霊園のほうにいます。今からそちらへ行きましょう」と自ら運転して、案内してくれた。

中村も、勉強の合間に気分転換で三木の車に乗って出かけることがあったと聞いた。その目的地の一つが、多磨霊園の中村家の墓地であったという。中村も、この車のこの席に坐って、今、走っているこの道を通ったのだろうと想像した。

中村家のお墓の前に拙著を供え、中村の〝遺言〟となった学位取得と、論文の出版を報告した。そして、「思いついた時、気がついた時、その時が常にスタートです」という言葉を忘れずに精進してまいりますと誓った。

三木は、「父は、いつも『人文科学の研究者は長生きでなければならぬ』と言ってました」と健康に留意するように激励してくれた。

中村亡き後、〝教えたい人が教え、学びたい人が学ぶ〟ための東方学院の運営が安泰であることを見届けながら、洛子夫人は、二〇一〇年六月四日に安らかに眠りに就いた。九十一歳であった。お別れの会では、みんなで洛子夫人が好きだった童謡の「花嫁人形」「ゆりかごの歌」などの斉唱で見送った。

あとがき

筆者は、九州大学で大学院まで物理学を学んでいた。大学時代に鬱《うつ》状態を乗り越えるきっかけが仏教思想であったこともあり、仏教の思想に感動し、大学時代から独学で仏教学を勉強していた。友人たちから、「物理学が、なんで仏教学になるんだ」と言われた。そんな時は、「僕にとってブツリのブツは〝物〟ではなくて、〝仏〟と書くんだ」と答えていた。

ところが、三十代後半になって独学の限界に突き当たった。どうしてもサンスクリット語もやらなければいけないと痛感した。そのころ、不思議なご縁があって、中村先生の開設された東方学院で、四十歳を過ぎて中村先生の講義とサンスクリット語の講義を受けることになった。

中村先生は、筆者に肩書きが何もないことを配慮されたのか、「日本印度学仏教学会の会員になりなさい」と、紹介者の欄に自ら署名捺印《なついん》された入会届のはがきを渡された。その恩返しは、勉強し、学会で発表することだと思い、非才をも顧みず論文や著書を発表したりしていた。

一九九八年六月十二日、中村先生が亡くなられる約一年前の午前八時ごろ、東方学院総務の阿部慈園先生（明治大学教授）から電話をいただいた。電話に出るなり、「中村先生からの伝言です。植木さん、博士号を取りなさい」とおっしゃった。その理由は、「日本は肩書き社会です。植木さんはいろいろ論文を発表し、本も出されています。けれども、日本では肩書きでしか人を評価しようとしません。だから博士号を取りなさい」とおっしゃった。

それに対して、「私の専門は物理学ですよ」と申し上げると、「それがいいのです。仏教学しかやっていない人には見えないものがあります。ほかのことを学んでいるからこそ見えるものがあります。植木さんのような人が仏教学に関わることによって仏教学の可能性が開かれるでしょう」とおっしゃった。これも、比較思想と考えられたのであろう。

博士論文のテーマを「仏教の男女平等思想」とした。それは、一九九〇年代に「仏教は女性差別の宗教だ」と決め付ける論文や著書が多数出版されていたからだ。筆者は、「それは一面的な見方ではないのか」と思い、学位論文をその反論として書くことにした。それらの批判は、漢訳されたものや日本語の文献をもとに書かれていた。筆者は、歴史上の人物としての釈尊は果たしてどうであったのか、それを明らかにすることにして、引用文献をすべてサンスクリット語、パーリ語から自分で翻訳して用いた。この論文をお茶の水女子大学に提出して、二〇〇二年に同大学では男性初の人文科学博士の学位を取得することができた。

中村先生への報恩と感謝

学位取得から半年、中村先生が亡くなられて三年半たったころのことだった。日本ペンクラブの定例の懇親会の後、作家たちから二次会で銀座へ行こうと誘われた。同行された某出版社の社長に紹介された。すると、「あなたが、あの植木さんですか?」と言われた。

その人は、かつて中村先生を紹介する記事に掲載する写真を撮るためにカメラマンと一緒に中村先生を訪ねた時のことを話してくれた。

中村先生が、「植木さんという方をご存じですか？」と尋ねられたという。「いや、存じません」と答えると、「え、ご存じないんですか。植木さんという人は、こうこう、こういう研究をされていて、こんな本を出されていますが……」と詳しく話されたという。

存命中に中村先生は、そんな話を全くされることはなかった。筆者の知らないところで、そのように話してくださっていたことに感動した。それは、原始仏典『シンガーラへの教え』の「師は弟子のことを誉めて吹聴《ふいちょう》すべきである」という教えを中村先生自身がそのまま実践されていたことを意味する。筆者は、決して中村先生の弟子などというものではない。けれども、筆者のことをそのように引き立ててくださっていたことに改めて感謝の思いを強くした。しかも、中村先生のそういう配慮は何も筆者に限ったことではなく、他の人たちに対しても全く変わることはなかった。

そんな中村先生にただひたすら恩返ししなければと思ってきた。それは、勉強することであり、中村先生がおっしゃっていたように、勉強したことを本の形で書き残しておくことだと考えた。

博士論文に引用するため、仏典をサンスクリット語から翻訳していて、これまでの梵文《ぼんぶん》『法華経』の現代語訳で五百カ所近い致命的な問題点が目に付いた。筑波大学名誉教授で東方学院長（当時）の三枝充悳先生に相談すると、「自分で納得のいく訳をつくりなさい」とアドバイスされ、これまでの訳の問題点を注釈で詳しく分析しながら、現代語訳した。それが、『梵漢和対照・現代語訳　法華経』（岩波書店）として出版されると毎日出版文化賞に選ばれた。その賞は、中村先生が『佛教語大辞典』で受賞されていた賞で、その『大辞典』は、筆者を中村先生に引き合わせてくれた本だった。その意味で、中村先生に少し恩返しできたかなと思って喜んだ。

さらに、博士論文を書いているころは、『維摩経』のサンスクリット原典は——本当は一九九九年に発見されていたが、何かクリアされていない問題があったようで、発表されていなかった。だから、『維摩経』はサンスクリット語からの引用はできていなかった。論文をお茶の水女子大学に提出して、審査に入った二〇〇一年の十二月、「維摩経、サンスクリット原典発見」と新聞に大見出しが躍った。論文には間に合わなかったが、いつかは翻訳したいと思っていた。『法華経』を八年がかりで翻訳したのに続き、次は三年がかりで『維摩経』を訳して、『梵漢和対照・現代語訳 維摩経』（岩波書店）を二〇一一年に出版した。

そして、昨年（二〇一三年）九月十二日のことだった。突然、関記念財団理事の加藤敬事さん（元みすず書房社長）という方からメールが届いた。「植木さんの『梵漢和対照・現代語訳 維摩経』がパピルス賞に選ばれました」とあった。添付された資料を最後まで読むと、王子製紙の関係者が創《つく》られた関記念財団が二〇〇三年から主催している「大学や研究所など制度としてのアカデミズムの外にあって達成された学問的業績に贈る賞」とあった。これは素晴らしい理念だ、何としてもいただきたいと思った。

なぜかというと、偏狭なアカデミズムと、学問のセクショナリズムを最も嫌っておられた中村先生の考えに通ずるものであったからだ。中村先生は、「理科系であれば、実験データをもとに再現すれば、その論文の価値を客観的に評価できる。ところが、人文系の場合は、客観的評価の基準がない。〝エラーイ〟先生から『これは駄目だ』と烙印《らくいん》を押されれば、二度とその研究者は浮かばれない。学問において、決してこんなことがあってはなりません」といつも話しておられた。『法華経』の毎日出版文化賞では、中村先生と同じ賞であることで喜んだが、今度は、中村先生が一番喜んでくださる賞ではないかと思って有り難くお受けした。
その授賞式で選考委員長である日本学士院会員の樋口陽一《ひぐちよういち》先生（東北大学名誉教授、東京大学名誉教授）が、「対照訳というのは、その場で対照されるわけで、訳者にとって全く妥協を許さない大変な仕事」「注釈が充実していて、想像もつかないほどの仏教学や、インド思想史、東洋学、比較文化論等にわたる非常に膨大な射程を持った本」「アカデミズムの外でなされた本格的な研究に、まさに百五十パーセント、二百パーセント的中する仕事」と評してくださった。いい意味のアカデミズムのど真ん中にいる先生方が評価してくださった「アカデミズムの外で達成された学問的業績」という言葉にズッシリとした重みを感じた。これも、本書で紹介させていただいた中村先生の学識と人格に触れながら受けた薫陶《くんとう》のおかげであると改めて感謝している。

「中村先生のことを後世に伝えてほしい」

これまで、中村先生への報恩の意味を込めて、エッセーや、拙著の「あとがき」等に中村先生のことを記してきた。それを読んでくださった方々から、いろいろと反響があった。その中でも東京大学名誉教授の高崎直道《たかさきじきどう》先生（一九二六～二〇一三）が大変に関心を持ってくださった。お茶大提出の博士論文が、岩波書店から二〇〇四年三月に『仏教のなかの男女観』として出版され、それを諸先生方にお贈りしたが、高崎先生から次のような丁重な手紙をいただいた。

晩年の中村先生の許《もと》で研鑽《けんさん》をつまれ、先生の慈恩をむね一パイに受けとめられて、この御成果を生まれたことに一種羨望《せんぼう》を感じます。〔中略〕中村先生の最晩年の姿をいろいろとお報《しら》せいただき、有難うございます。

（二〇〇四年四月五日付）

二〇〇八年三月に『梵漢和対照・現代語訳　法華経』上・下巻を出版した時も、高崎先生は、その出版記念会でスピーチをしてくださり、「近いうちに奥さんと一緒に家においでなさい」と声をかけてくださった。お言葉に甘えて、妻の眞紀子とともにご自宅の静勝寺《じょうしょうじ》を訪ねた。結婚するまでと、結婚後しばらく住んでいた東京・北区の赤羽駅近くであった。その静勝寺の境内には藤の花が咲き乱れていた。その寺は太田道灌《おおたどうかん》が築いた砦《とりで》の跡に建てられたこと、高崎先生が高校生のころ、作家の安岡章太郎氏がその寺に寄宿していて、彼の『花祭』という小説に静勝寺時代の思い出が綴《つづ》られていることなどいろいろと話をうかがった。

その時も高崎先生は、奥様の宏子さんとともに、筆者と中村先生とのご縁、筆者に学位論文に取り組むようにおっしゃられた中村先生の言葉をはじめ、中村先生を尊敬し慕って集まってきた東方学院の受講者たちに打ち解けて講義される中村先生の晩年の様子について大変に関心を持って聞いてくださった。

高崎先生が、東京大学で中村先生に直接、教えを受けられたのは何十年も前のことで、晩年の中村先生の教えを拝する機会にはなかなか恵まれなかったからであろう。何度も筆者を羨《うらや》ましいとおっしゃられ、毎日出版文化賞の授賞式にも駆けつけてくださった。

高崎先生が「羨望」という言葉を用いておられたことを考えても、筆者が碩学《せきがく》の円熟した人格と学識に触れながら直接、講義を拝聴できたことは、何ものにも代えがたい幸運であった。

東方学院の後継者と目されていた明治大学教授の阿部慈園先生も、「大学者の晩年の講義が大切です」と明治大学から極力、駆けつけて一番後ろの席で講義を聴いておられた。その阿部先生も、中村先生の跡を追うように約一年後に五十三歳の若さで亡くなられた。

こうして、中村先生の晩年の講義に参加していたものとして、中村先生のお言葉や、お姿を人々に伝えることが、筆者の責務ではないかと思うようになった。

筆者は、東京大学で中村先生の講義を受けたことはない。既に述べたように、十代末から二十代後半にかけて九州大学で物理学を学んでいた。従って、中村先生の弟子でも何でもない。ただ、十代、二十代から仏教学に関心を持ち、独学で勉強していて、独学の限界に直面していた三十代後半に中村先生との思わぬ出会いがあり、四十歳から中村先生が亡くなられるまでの十年近く毎週三時間、中村先生から直接受講するという幸運に恵まれたものである。その幸運を独り占めにするのは、申し訳ないことだ。

東方学院で学び始めたころから、筆者は、ことあるごとに本間昭之助社長（当時）の依頼で、宗教専門紙「中外日報」等に中村先生の近況などを執筆していた。それを読まれた三枝先生や、鶴見大学教授（当時）の中田直道先生や、中村先生の講義を受けた皆さんから「将来、中村先生の東方学院での講義の様子を後世に伝えるものを書いてほしい」と言われたりしていた。

また最近、朝日カルチャーセンターで講座を担当する機会があり、休憩時間に事務局の人から、「以前から中村元先生についてのお話をうかがいたいというリクエストがあるんですが、お願いできませんか」と尋ねられた。中村先生の学術的な業績を語るのは分を超えたことであってできませんが、東方学院で拝見した中村先生の人柄や講義のもようなどに限定させていただければ、中村先生への感謝の思いを込めて話させていただきます——ということで、中村先生をお慕いする皆さんの熱意に支えられて話をさせていただいた。

中村先生の講義に参加した人たちの願い

二〇一二年十一月二十八日に、中村先生の生誕百周年を迎えた。それを機に、知の巨人である中村先生のほんの一断面にすぎないかもしれないが、筆者の見聞した限りのことをまとめておこうと思い立った。

中村先生には、自伝的な著作として『学問の開拓』（佼成出版社）がある。しかし、自分のことは自分では書きにくいことがたくさんあるはずだ。謙虚さの塊のような中村先生であれば、なおさらのことである。また、その自伝は、一九八六年に出版されたもので、亡くなられる一九九九年までの十三年間のこと——特に決定版「中村元選集」全四十巻などのライフワークの総仕上げに取り組まれた時期のことは触れられていない。

筆者は、その晩年の中村先生の講義に参加することができた。中村先生は、気心の知れた東方学院の受講生たちを前にされると、心を許して大いに語られた。現在、取り組んでいることの報告、かつての出来事についての裏話、時の話題や社会問題に対するコメント——そこには学問的、文明論的な鋭い批判が光っていた。

中村先生と直接、接する中でその人格、学問への姿勢などを具体的な事実として目撃することが何度もあった。そこには、晩年の円熟した先生にとって後世のために言い残しておきたい思いが満ち満ちていた。差し迫る自らの死を前にして、遺言のように語られたこともあった。筆者は、その一言一句を聴き漏らしてはならないとノートに取り続けた（後日、三木さんから、中村先生の講義を最前列の席で聴きながらメモを取っている筆者の写真が、中村元記念館に展示してあると教えていただいた)。

中村先生は、講演依頼を受けると、必ず小冊子でもいいから活字化することを条件とされた。話しっぱなしでは、消えてなくなるからである。中村先生は、筆者が最前列の席でノートにペンを走らせてメモを取っていることをご存じであった。また、筆者が中村先生や東方学院について書いた各紙の記事を中村先生はご覧になっていた(その中の一部を本書に再録した)。その時の記録が大いに役立った。

今、この「あとがき」を書き終えるに当たり、中村先生の講義を一緒に受けた人たちの顔を一人ひとり思い浮かべている。阿部慈園・敦子夫妻、石井義長さん、及川弘美さん、大国君子さん、大塚睦子さん、片田紗千子さん、金田静江さん、久保田栄造さん、桜井俊彦さん、高田翠さん、高松栄子さん、田口タカさん、丹治邦子さん、中浦仲代さん、中田直道さん、辺野喜瑛子《べのきえいこ》さん、茂手木《もてぎ》星歌《せいか》さん、山本文渓さん……すべて中村先生を尊敬し、慕っていた人たちである。みんな、中村先生の東方学院にかける思いをよく知る人たちだ。このなかには、既に故人となられた方もいる。みんな、中村先生に感謝しつつ、偏狭なアカデミズムと学問のセクショナリズムを最も嫌っておられた中村先生の思いが末永く東方学院に継承されていくことを祈りながら、見守っておられることであろう。

本書をまとめるに当たり、和光大学名誉教授の前田耕作氏、元イリノイ大学教授のムルハーン千栄子、高村幸治の各氏、故本間昭之助氏と量恵夫人、そしてニューヨーク州立大学名誉教授の故ケネス・K・イナダ先生とマサコ夫人に貴重な情報とアドバイスをいただいた。感謝に堪えない。

本書の出版は、京都大学教授の鎌田東二先生が理事長を務めるNPO法人・東京自由大学の「人類の知の遺産」と題する連続講演の一環として、二〇一四年一月、中村先生について話す機会があったことで、具体化した。会場にいらっしゃった角川学芸出版の宮山多可志氏に鎌田先生が出版を薦めてくださり、小島直人氏が編集を担当してくださって実現した。鎌田、宮山、小島の各氏に感謝の意を表したい。

中村元先生の貴重な写真は、長女の三木純子さんの快諾を得て掲載することができた。三木さんに感謝申し上げます。

なお、この「あとがき」では「中村元先生」としたが、中村先生は、歴史的人物として後世に語り継がれるべき人であり、本文中では「中村元」と敬称を略させていただいたことを断っておきたい。

植木雅俊

二〇一四年五月十九日

読書案内——中村元の主な著訳書

文庫本

★『**龍樹**』、講談社学術文庫、二〇〇二年

卒業論文として『中論』を手がけて以来、四十五年にわたって取り組んできたナーガールジュナ（龍樹）の「空の思想」研究の集大成。「人類の知的遺産」シリーズ第一三巻の文庫化。

★『**釈尊の生涯**』、平凡社ライブラリー、平凡社、二〇〇三年

一九六三年、中村元が四十一歳の時に平凡社から出版されたものの文庫化。晩年に著わされたものを読むことが多かった筆者には、その四十一歳の若々しい中村の文章の力強さに感銘した。歴史的人物としての釈尊の生涯を事実に近い姿で示す。

★『**仏典のことば——現代に呼びかける知慧**』、岩波現代文庫、二〇〇四年

仏教の研究に打ち込んできた人間として、現代社会の重要な問題に発言するという趣旨で行なわれた講演の記録。「経済的行為の意義——仏教と経済倫理」「政治に対する批判——仏教と政治倫理」「理想社会をめざして——人生の指針」の三つからなる。

★『**古代インド**』、講談社学術文庫、二〇〇四年

「中村元選集」（旧版）の「インド古代史」上下巻を一般向けに書き改めたもので、インダス文明からグプタ王朝にいたるインド人の生活と思想を歴史的にたどり、バラモン教や、原始仏教、大乗仏教の出現をその関連の中でとらえている。

★『**東洋のこころ**』、講談社学術文庫、講談社、二〇〇五年

「NHK市民大学」で一九八四年七月から九月まで十三回にわたって行なわれた講演をもとにまとめたもの。物質的豊かさの半面、現代人は心の荒廃が著しいが、自己の探求に始まり、普遍的理法の探求から普遍的国家、差別対立の超克、世界国家の理想へ向けての東洋の英知を浮き彫りにする。

★『**慈悲**』、講談社学術文庫、二〇一〇年

一九五六年に平楽寺書店から出版された「サーラ叢書」第一巻の文庫化。生きとし生けるものの苦しみをわが苦しみとし、共感する「慈悲」は、仏教の実践の中心的な徳である。その慈悲を多方面から詳細に分析・探究し、仏教精神の社会的実践の出発点を提示する。仏教の真髄と現代的意義を浮き彫りにする。

★**『原始仏典』**、ちくま学芸文庫、二〇一一年

歴史的人物としての釈尊のなまの言葉に近いとされる『スッタニパータ』『サンユッタ・ニカーヤ』『マハー・パリニッバーナ・スッタンタ』など原始仏典の主要な言葉を通して、釈尊の人間像を浮き彫りにするとともに、人生の指針として読み解く。

★**『宗教における思索と実践』**、サンガ文庫、二〇一二年

戦後間もない一九四九年に毎日新聞社から出版された本の復刊。三十六歳の若々しく力強い文章が印象的。戦争の深刻な反省を踏まえて、「権威に屈従し隷属する傾向が顕著」な日本人において、「仏教は思想体系としては理解されていない」「思想的指導性は極めて乏しい」として、「自己との対決」を通して仏教をとらえ直す必要を訴えている。

新　書

★**『学問の開拓』**、ハーベスト出版、二〇一二年

一九八六年に佼成出版社より出版された中村の自伝。生誕百周年を記念して新書版として復刻された。

単行本

★**『原始仏教——その思想と生活』**、NHKブックス、一九七〇年

歴史的人物としてのゴータマ・ブッダは、どのような生涯を送ったのか——原始仏典を通してその源流に遡り、「いかに生きるか」という素朴で現実的な原始仏教の思想と生活倫理を明らかにする。

★**『今なぜ東洋か』**、ティビーエス・ブリタニカ、一九七九年

文明はどこへ向かって進むのか、それについて東洋思想の研究者が寄与できることは何か——機会あるごとに書き記し、講演してきたことを収録した。「西洋文明への懐疑」「欧米における東洋文化志向」「アジアの位

置づけと日本の進路」「東洋学の先駆者たち」「人類性をめざして」といった内容からなる。

★『**思想をどうとらえるか——比較思想の道標**』、東京書籍、一九八〇年

世界諸民族の間の相互理解のために比較思想の研究から普遍的思想史をまとめる必要性を訴える中村が、「古代宗教の神々」「自由思想家」「和の精神」「自我の自覚」「平等思想」「平和」というテーマを通して比較思想の方法で試みた思想史。

★『**自己の探求**』、青土社、一九八一年（一九八七年改訂）

古代の宗教思想、仏教、キリスト教、中世・近世の哲学にわたる幅広い知識に基づいて、人間としての普遍的な理法を探求しつつ、自己とは何か？　生命とは何か？　いかに生くべきか？　という問いに対する中村独自の考察。

★『**比較思想から見た仏教——中村元英文論集**（邦訳シリーズ）』、春日屋伸昌編訳、東方出版、一九八七年

インドの原始仏教から日本仏教まで、普遍宗教としての仏教を、西洋哲学やキリスト教との比較を通して縦横に論じたハーバード大学における公開講演（英語）の邦訳。

★『**日本思想史——中村元英文論集**（邦訳シリーズ）』、春日屋伸昌編訳、東方出版、一九八八年

普遍的思想史を模索する中村の視点で見た日本思想の通史であり、中村元の思想世界。

★『**人生を考える**』、青土社、一九九一年（二〇〇〇年改訂）

「〈在る〉ということ」「自己」「価値と美」「生き甲斐」「こころと身体」「性」「愛」「家族と社会」「老い」「死」「信仰」「論理と真理」——といった人生の根本問題について、古今東西の思想を渉猟してきた中村が、インタビューに答えて平易に語った書。

★『**ブッダの人と思想**』（田辺祥二との共著）、NHKブックス、一九九八年

「我がもの」という執著を離れ、清浄行の実践を説いた人間ブッダ。『スッタニパータ』をはじめとするさまざまな原始仏典から言葉を引用しながら、現代を生きる人びとへ、ブッダの思想をわかりやすく解き明かす。

翻訳

★『**ブッダのことば**』、岩波文庫、一九五八年（一九八四年増訂）

歴史的人物としてのゴータマ・ブッダ（釈尊）のなまの言葉に最も近い詩句を集成した最古の原始仏典『スッタニパータ』の現代語訳。この経は、中国・日本で知られることはなかったが、ゴータマ・ブッダの人間像、最初期の仏教を知る上で学問的に極めて重要である。

★**『ブッダの真理のことば・感興のことば』**、岩波文庫、一九七八年

仏教の実践を教えた最も著名で影響力のある詩集『ダンマ・パダ』と、ブッダが感極まって表明された言葉をまとめた詩集『ウダーナ・ヴァルガ』の現代語訳。

★**『ブッダ最後の旅』**、岩波文庫、一九八〇年

ブッダの入滅を間近にして故郷を目指す旅の途上での出来事を記した原始仏典『マハー・パリニッバーナ・スッタンタ』の現代語訳。

★**『仏弟子の告白』『尼僧の告白』**、岩波文庫、一九八二年

男性出家者の詩集『テーラ・ガーター』と、女性出家者の詩集『テーリー・ガーター』の現代語訳。前者の多くがステレオタイプであるのに対して、後者は薄幸の女性たちが出家して、蘇生し、「ブッダの教えをなしとげました」と語り、潑剌とした生き方を謳いあげていて文学的である。

★**『ブッダ　神々との対話』『ブッダ　悪魔との対話』**、岩波文庫、一九八六年

原始仏典『サンユッタ・ニカーヤ』、すなわち「主題ごとに整理された教えの集成」からの現代語訳。古さにおいては『スッタニパータ』の若干部分と並ぶもので、歴史的人物としてのゴータマ・ブッダの生活や思想を知るのに重要な書である。

対談

★中村元対談集**『光は東方から』**、青土社、一九八四年

今道友信（哲学者）、梅原猛（哲学者）、高階秀爾（美術評論家）、堀田善衞（小説家）らとの対談集。

★**『対談　東洋の心――日本の心の原点を探る』**、大修館書店、一九七六年

『大漢和辞典』全十三巻の諸橋轍次、『佛教語大辞典』の中村元という二人の碩学が、それぞれ儒教の立場と、仏教の立場から語り合った日本の心の原点。

★『**仏教の心を語る**』、東京書籍、一九九〇年
NHK「こころの時代」での中村と奈良康明との対談を再構成したもの。自らの生き方の問題として語られる仏教のエッセンス。
★中村元対談集Ⅰ『**釈尊の心を語る**』、東京書籍、一九九一年
白川義員（写真家）、杉本苑子（作家）、瀬戸内寂聴（作家）、北森嘉蔵（神学者）らとの対談集。
★中村元対談集Ⅱ『**東と西の思想を語る**』、東京書籍、一九九一年
矢野暢（政治学者）、森敦（作家）、ローケーシュ・チャンドラ（仏教学者）、ダライ・ラマ（チベット活仏）らとの対談集。
★中村元対談集Ⅲ『**社会と学問を語る**』、東京書籍、一九九二年
宮城音弥（心理学者）、河合隼雄（心理学者）、佐藤文隆（宇宙物理学者）、谷川徹三（哲学者）、鶴見俊輔（評論家）らとの対談集。
★中村元対談集Ⅳ『**日本文化を語る**』、東京書籍、一九九二年
相良亨（倫理学者）、前田陽一（仏文学者）、丹羽文雄（小説家）、大岡信（詩人）、水上勉（小説家）、伊東俊太郎（科学史家）らとの対談集。

参考文献

※「読書案内」に挙げたものは含めない

植木雅俊『思想としての法華経』、岩波書店、二〇一二年
――――『梵漢和対照・現代語訳 法華経』上・下巻、岩波書店、二〇〇八年
――――『梵漢和対照・現代語訳 維摩経』、岩波書店、二〇一一年
――――『仏教、本当の教え――インド、中国、日本の理解と誤解』、中公新書、二〇一一年
――――「法華経、および中村元先生との出会い」、『図書』(岩波書店)、二〇〇八年十二月号所収
東方研究会編『東方』第二一号、東方研究会、二〇〇六年
中村　元『ゴータマ・ブッダ――釈尊伝』、法蔵館、一九五八年
――――『比較思想論』、岩波書店、一九六〇年
――――「中村元選集」全二十三巻、春秋社、一九六一〜一九七七年
――――『インド紀行――伝統と文化の探求』、春秋社、一九六三年
――――『原始仏典を読む』(岩波セミナーブックス10)、岩波書店、一九八五年
――――決定版「中村元選集」全四十巻、春秋社、一九八八〜一九九九年
――――『比較思想の軌跡』、東京書籍、一九九三年
中村元ほか『最終講義』、実業之日本社、一九九七年
中村元東方研究所編『東方』第二八号、中村元東方研究所、二〇一三年
バートランド・ラッセル/市井三郎訳『西洋哲学史』1〜3、みすず書房、一九五四〜一九五六年
馮友蘭/柿村峻訳『支那古代哲学史』、冨山房、一九四二年
ペツォルト夫妻を記念する会編『ペツォルトの世界』第三号、もたて山出版、二〇一一年
峰島旭雄ほか『中村元の世界』、青土社、一九八五年
H. Nakamura, *The Ways of Thinking of Eastern Peoples*, East-West Center Press, Hawaii, 1964.
KAWADE道の手帖『中村元――仏教の教え　人生の知恵』、河出書房新社、二〇〇五年

中村元　略年譜

一九一二年　十一月二十八日、松江市に生まれる。
一九一三年　父の転勤で上京。
一九一九年　東京市立誠之小学校入学。
一九二三年　関東大震災。大阪・常磐松小学校に通う。
一九二四年　誠之小学校に復学。
一九二五年　東京高等師範学校附属中学校入学。腎臓を患い一年間休学。
一九三〇年　東京高等師範学校附属中学校四年修了。第一高等学校文科乙類入学。
一九三三年　第一高等学校文科乙類卒業。ドイツ大使館から表彰される。東京帝国大学文学部印度哲学梵文学科入学。
一九三六年　二・二六事件。東京帝国大学文学部印度哲学梵文学科卒業。卒業論文は「中論の哲学」。東京帝国大学大学院進学。八歳年上の先輩の自殺が東方研究会のことを考えるきっかけに。
一九三七年　父・喜代治逝去（五十八歳）。日中戦争始まる。松江の六十三連隊に召集されるが、病気が見つかり兵役免除に。松江の家屋敷を売り払う。博士論文「初期ヴェーダーンタ哲学史」の執筆に取り掛かる。
一九四一年　東京帝国大学大学院満期修了。
太平洋戦争開戦。
一九四二年　博士論文「初期ヴェーダーンタ哲学史」を脱稿。
一九四三年　博士論文「初期ヴェーダーンタ哲学史」により文学博士号を取得、同時に東京帝国大学助教授就任。『佛教語邦訳辞典』の編纂を開始。
一九四四年　野津洛子と結婚。『東洋人の思惟方法』の研究開始。
一九四七年　インドが独立。世田谷区久我山に居を構える。『佛教語邦訳辞典』を出版。

一九四八年　『東洋人の思惟方法』上巻をみすず書房から出版。『佛教語大辞典』の編纂作業を開始。
一九四九年　『東洋人の思惟方法』下巻をみすず書房から出版。『宗教における思索と実践』（毎日新聞社）を出版（二〇〇九年に復刊）。
一九五〇年　『初期ヴェーダーンタ哲学史』第一巻（岩波書店）を出版。
一九五一年　サンフランシスコ講和条約・日米安保条約調印。米・スタンフォード大学客員教授に就任。
一九五二年　スタンフォード大学客員教授の任を終え、ヨーロッパを経て、初めてインド各地を歴訪。
一九五四年　東京大学教授に昇任。
一九五五年　アジア知識人会議（ラングーン）に出席。
一九五六年　『初期ヴェーダーンタ哲学史』（岩波書店）全四巻が完結。『インド思想史』（岩波全書）を出版。インド政府主催の「釈尊生誕二千五百年式典」に出席。
一九五七年　『初期ヴェーダーンタ哲学史』により、日本学士院賞恩賜賞を受賞。
一九五八年　『ゴータマ・ブッダ――釈尊伝』を出版。原始仏典『スッタニパータ』の現代語訳『ブッダのことば』（岩波文庫）を出版。
一九五九年　第三回東西哲学者会議（ホノルル）に出席（五回まで毎回出席）。インド政府の招待により南インドを視察。
一九六〇年　『比較思想論』（岩波全書）を出版。『東洋人の思惟方法』が日本ユネスコ国内委員会によって英訳され、出版される。
一九六一年　「中村元選集」（旧版）出版開始。
一九六三年　米・ハーバード大学客員教授に就任。『インド古代史』上巻（春秋社）を出版（下巻は、一九六六年に出版）。
一九六四年　東京大学文学部長に就任（六六年まで）。『東洋人の思惟方法』の英語版をハワイのイースト・ウエスト・センターから出版。
一九六六年　米・プリンストン大学における世界宗教共存会議に出席。タゴール大学名誉哲学博士に就任。インド・サンスクリット学会から「知識の博士」を授与される。

一九六七年　母・トモ逝去（八十七歳）。『佛教語大辞典』の原稿が完成するも、十二月初めに出版社で行方不明になる。オーストリア学士院遠隔地会員となる。
一九六八年　一月、『佛教語大辞典』の原稿執筆再開。大辞典編纂のために研究会を組織（後の東方研究会）。
一九六九年　『佛教語大辞典』の集団作業を中止し、基本部分を単独で執筆。
一九七〇年　財団法人・東方研究会を設立、理事長に就任。
一九七三年　東京大学で最終講義「インド思想文化への視角――インド学、仏教学はエジプト学か？」。東京大学を定年退官。財団法人・東方学院を開講。学院長に就任。東京大学名誉教授に。インド・デリー大学名誉文学博士。
一九七四年　比較思想学会設立、会長に就任。ニューヨーク州立大学バッファロー校客員教授。紫綬褒章受章。
一九七五年　天皇陛下に「原始仏教の成立」を御進講。『佛教語大辞典』を出版。仏教伝道文化賞、毎日出版文化賞特別賞を受賞。
一九七七年　「中村元選集」（旧版）全二十三巻が完結。インド・ナーランダ・パーリ研究所名誉博士。文化勲章受章。
一九七八年　英国・王立アジア協会名誉会員。ネパール国王より勲章。『ブッダの真理のことば・感興のことば』（岩波文庫）を出版。
一九七九年　インド・タゴール大学より名誉学位。
一九八〇年　『ブッダ最後の旅』（岩波文庫）を出版。
一九八二年　ドイツ学士院客員会員。スリランカ・ケラニア大学より名誉学位。中国・西北大学名誉教授。『仏弟子の告白』『尼僧の告白』（岩波文庫）を出版。
一九八三年　国際文化賞国際交流基金賞受賞。東方研究会・東方学院が神田明神横のビルに移転。学位論文の英訳 *A History of Early Vedānta Philosophy*, Part One がインドで出版される。
一九八四年　日本学士院会員に就任。
一九八五年　峰島旭雄ほか著『中村元の世界』（青土社）が出版。中国社会科学院世界宗教研究所・中外日報社共同主催の第一回「日中仏教学術会議」で基調講演（京都）。

一九八六年　『ブッダ　神々との対話』『ブッダ　悪魔との対話』（岩波文庫）を出版。
一九八七年　『比較思想論』が呉震により中国語訳され、浙江人民出版社から出版。
一九八八年　決定版「中村元選集」の出版開始。
一九八九年　『シャンカラの思想』（岩波書店）を出版。
一九九一年　『ジャータカ全集』により日本翻訳文化賞を受賞。
一九九三年　鳩摩羅什についての第五回「日中仏教学術会議」（京都）に参加。
一九九四年　足利学校庠主に就任。東方学院の受講者と足利学校へバス旅行。スペイン・グラナダ大学のジュリアン・L・アルヴァレス氏が来訪。
一九九五年　オウム真理教の批判を新聞に掲載。ユネスコとスペインの諸団体による東西交流のための大学設立に向けた会議に参加（グラナダ）。
一九九六年　天皇皇后両陛下が案内されたベルギー国王夫妻を足利学校で迎える。
一九九七年　東方学院で『佛教語大辞典』の改訂版作成を口にする。「東方研究会創設三十周年」を記念する新春会。中外日報創刊百周年を記念する第七回「日中仏教学術会議」（京都）で講演。
一九九九年　NHK放送文化賞受賞。決定版「中村元選集」全四十巻が完結。十月十日逝去（八十六歳）。
二〇〇一年　阿部慈園氏逝去（一月二十四日、五十三歳）。『広説佛教語大辞典』全四巻が完成。学位論文の英訳 *A History of Early Vedānta Philosophy*, Part Two が『東方』特輯号として出版される。
二〇〇五年　三枝充悳氏が新春会で最終講義。
二〇〇七年　本間昭之助氏逝去（八月二十四日、七十八歳）。
二〇一〇年　洛子夫人逝去（六月四日、九十一歳）。『縮刷版　広説佛教語大辞典』が出版される。三枝充悳氏逝去（十月十九日、八十七歳）。
二〇一一年　三月十一日、東日本大震災。ケネス・K・イナダ氏逝去（三月二十六日、八十七歳）。
二〇一二年　東方研究会を「公益財団法人・中村元東方研究所」と改める。生誕百周年を記念して、島根県松江市に中村元記念館がオープン（十月十日）。

植木雅俊（うえき・まさとし）

1951年、長崎県生まれ。仏教思想研究家。ＮＨＫ文化センター講師、東京工業大学世界文明センター非常勤講師を歴任。九州大学大学院理学研究科修士課程修了、東洋大学大学院文学研究科博士後期課程中退。91年より東方学院において中村元氏のもとでインド思想・仏教思想、サンスクリット語を学ぶ。2002年、お茶の水女子大学で人文科学博士号取得。『梵漢和対照・現代語訳　法華経』上下（岩波書店）で毎日出版文化賞、『梵漢和対照・現代語訳　維摩経』（同）でパピルス賞を受賞。その他、『仏教、本当の教え——インド、中国、日本の理解と誤解』（中公新書）など著書多数。

角川選書543

仏教学者《ぶつきようがくしや》 中村元《なかむらはじめ》　求道《ぐどう》のことばと思想《しそう》

平成26年７月25日　初版発行
令和６年４月30日　５版発行

著　者／植木雅俊《うえきまさとし》

発行者／山下直久

発　行／株式会社KADOKAWA
〒102-8177　東京都千代田区富士見2-13-3
電話 0570-002-301（ナビダイヤル）

印刷所／株式会社KADOKAWA

製本所／株式会社KADOKAWA

装　丁／片岡忠彦　　帯デザイン／Zapp!

●お問い合わせ
https://www.kadokawa.co.jp/（「お問い合わせ」へお進みください）
※内容によっては、お答えできない場合があります。
※サポートは日本国内のみとさせていただきます。
※Japanese text only

定価はカバーに表示してあります。

ISBN978-4-04-703543-0 C0315

この書物を愛する人たちに

詩人科学者寺田寅彦は、銀座通りに林立する高層建築をたとえて「銀座アルプス」と呼んだ。
戦後日本の経済力は、どの都市にも「銀座アルプス」を造成した。
アルプスのなかに書店を求めて、立ち寄ると、高山植物が美しく花ひらくように、
　書物が飾られている。

印刷技術の発達もあって、書物は美しく化粧され、通りすがりの人々の眼をひきつけている。
しかし、流行を追っての刊行物は、どれも類型的で、個性がない。
歴史という時間の厚みのなかで、流動する時代のすがたや、不易な生命をみつめてきた先輩たちの発言がある。
また静かに明日を語ろうとする現代人の科白がある。これらも、
銀座アルプスのお花畑のなかでは、雑草のようにまぎれ、人知れず開花するしかないのだろうか。
マス・セールの呼び声で、多量に売り出される書物群のなかにあって、
選ばれた時代の英知の書は、ささやかな「座」を占めることは不可能なのだろうか。
マス・セールの時勢に逆行する少数な刊行物であっても、この書物は耳を傾ける人々には、
飽くことなく語りつづけてくれるだろう。私はそういう書物をつぎつぎと発刊したい。
真に書物を愛する読者や、書店の人々の手で、こうした書物はどのように成育し、開花することだろうか。
私のひそかな祈りである。「一粒の麦もし死なずば」という言葉のように、
こうした書物を、銀座アルプスのお花畑のなかで、一雑草であらしめたくない。

一九六八年九月一日

角川源義